即刻成交

[以] 亚尼夫·柴德 ◎ 著
（Dr. Yaniv Zaid）

王硕 ◎ 译

THE 21ST CENTURY
SALES
BIBLE

浙江教育出版社 · 杭州

图书在版编目（CIP）数据

即刻成交/(以)亚尼夫·柴德著;王硕译. --杭州 : 浙江教育出版社, 2023.12
ISBN 978-7-5722-6125-1

Ⅰ. ①即… Ⅱ. ①亚…②王… Ⅲ. ①营销术 Ⅳ. ①F713.50

中国国家版本馆CIP数据核字(2023)第126137号

著作权合同登记号　浙图字：11-2023-085

The 21st Century Sales Bible by Dr. Yaniv Zaid
©2021 Dr. Yaniv Zaid.
Email: yaniv@yanivzaid.com
Website: www.drpersuasion.com

Translation rights representation by eBookPro
Email: agency@ebook-pro.com

This Simplified Chinese Translation rights arranged through Rightol Media（本书中文简体版权经由锐拓传媒取得，Email:copyright@rightol.com）

Simplified Chinese Translation copyright©2023
by Beijing Xiron Culture Group Co., Ltd.

All Rights Reserved.

责任编辑	赵露丹	美术编辑	韩波
责任校对	马立改	责任印务	时小娟

即刻成交
JIKE CHENGJIAO

［以］亚尼夫·柴德　著　王硕　译

出版发行	浙江教育出版社
	（杭州市天目山路40号 电话：0571-85170300-80928）
印　　刷	三河市中晟雅豪印务有限公司
开　　本	880mm×1230mm 1/32
成品尺寸	145mm×210mm
印　　张	12.5
字　　数	208 000
版　　次	2023年12月第1版
印　　次	2023年12月第1次印刷
标准书号	ISBN 978-7-5722-6125-1
定　　价	68.00元

如发现印装质量问题，影响阅读，请联系010-82069336。

本书献给：

我了不起的孩子们——诺姆和约阿夫。每过去一天，我对你们的爱都更多一点，你们就是我灵感的源泉。

我亲爱的家人们，你们一直支持我，给我力量，不求回报，我至今取得的所有成就，在很大程度上都归功于你们。

我的朋友、客户、同事、代理商、出版商以及我的团队成员，多年来，你们一直与我同在，陪伴并帮助我成长，我的事业与个人发展都离不开你们的帮助。

目录

引言 001

01 在饱和的市场中，如何为你的产品和服务争取更高的价格 009

- "普通花束"和"新娘捧花"有什么区别 010
- 为什么足球运动员收入那么高 013
- 为什么我们要与自己谈判，而不是与客户 015
- 一道切片西红柿卖24美元，如果让你卖，你会怎么做 017
- 如何说服自己提高定价 020
- 为什么不能免费接待客户 022
- 与客户谈论高定价时，为什么不能夸大其词 031
- 为什么不要给客户折扣 033
- 关键知识点 035

02 在竞争激烈的市场中，如何把自己打造成专家 039

- 只有打造自己的品牌，收益才能提上去 040
- 当时间管理顾问迟到，会发生什么 042
- 如何让你的客户觉得他是你最重要的客户（即使你有很多客户） 045
- 管家向我发来报价的那一天 049
- 为什么顶级厨师从不害怕公布他们的食谱 052
- 我说了什么，让数百人一下子离开了我的讲座 054
- 为什么你应该致力成为"华尔街之狼" 057
- 如何在零工经济中取得真正的成功 059
- 为什么明星有时很乐意和粉丝合照 062
- 如何防止你的客户跳过你，去做本该你做的工作 066
- 雇主在招聘时首先考虑的是什么 069
- 关键知识点 072

当人们无意愿在你这里消费时，
如何赞美和激励，积累潜在客户　075

- 最能促使人们接种疫苗的是什么　076
- 为什么在活动中提供茶点如此重要　078
- 为什么即使是免费的东西，也必须卖出去　081
- 狮子和长颈鹿被养在动物园的什么位置，依据是什么　083
- 为什么我们的孩子会表现得很糟糕　086
- 餐厅的服务员是怎么知道你想喝什么的　091
- 为什么空姐不会与你进行眼神交流　093
- 为什么餐厅不会让你一次性尝遍他们的菜品　095
- "没人会买你的书"　098
- 关键知识点　101

站在舞台中央，直面观众与客户 103

- 你会在观众面前给自己找什么借口　104
- 餐厅老板和服务员有什么区别　106
- "走出去"和你的收益有什么关系（或：竞争对手的办公室就在你客户办公室的对面，你该怎么办）　109
- 要想与他人建立联系，为什么躲在键盘后不是明智之举　113
- 如何提升成交率　118
- 有人在脸书上同时 @ 你和其他 50 位供应商，你需要做什么才能争取到这项合作　123
- 哪些知识孩子知道，我们却并不了解　128
- 为什么发起会议可以增加你的收入　130
- 为什么说你的第一次讲座最容易　133
- "我不喜欢向听众推销，那让我觉得不舒服"　135
- 以色列国防军总参谋长为何禁止在调查和简报中使用 PPT　138
- 讲座办砸时，应该如何补救　140
- 为什么小儿子的说服能力比大儿子更强　142
- 关键知识点　145

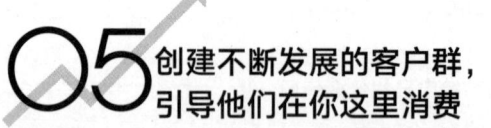

05 创建不断发展的客户群，引导他们在你这里消费 147

- 如何"引导"客户在你这里消费，而不是在你的竞争对手那里 148
- 如何"引导"人们去跑步 152
- 如何对待一个尚未"成熟"到愿意与你合作的客户 155
- 客户离开你的首要原因是什么 158
- 谁是你的理想客户 如何"解雇"不理想的客户 160
- 一个识别优质客户和劣质客户的技巧 168
- 申请银行或政府贷款时，你必须做什么 170
- 为什么拉斯维加斯的酒店客房里不会出现《圣经》 173
- 为什么"自食"者做不了好商人 176
- 为什么我没有去夏令营探望儿子 179
- 为什么人们会不断重复同样的活动 181
- 为什么我们有时会允许餐厅的服务员帮我们做决定 182
- 关键知识点 184

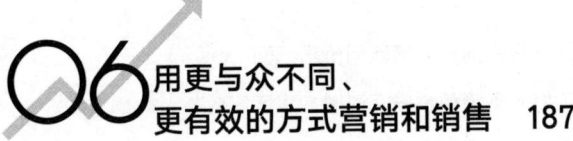

06 用更与众不同、更有效的方式营销和销售 187

- 客户选择某家供应商的主要原因是什么 188
- 为什么大多数人在网络营销上会失败 191
- 如何通过竞争对手增加销售额 194
- 你怎么知道你的女儿怀孕了 195
- 为什么人们会觉得如果不买鲜花和巧克力，就不是真爱 198
- 过生日的时候你最不想去哪里 200
- 客户和自己，你更关心谁的利益 202
- 机场的免税店到底在向你推销什么 204
- 你想在月球上购买土地吗 205
- 你愿意为陪你到公园散步的人支付多少钱 208
- 让顾客在你这里消费的最好方法是什么 214
- 为什么汽车广告上总是出现比基尼模特 217
- 为什么富足让我们困惑 219
- 在拨打销售电话之前需要采取什么行动 222
- 如何判断客户对你的产品或服务是否感兴趣 224
- 你身边的人了解你的工作吗 226
- 你是否花了太多时间与你的客户交谈 228
- 为什么说太"热情"反而不好 231
- 客户说"我需要再考虑一下"，你该怎么回答 233

为什么给客户的报价不能用价格区间　236

心情不好、不想和客户交谈时，应该怎么办　238

为什么大多数初创企业最终都会倒闭　242

关键知识点　247

07 用营销写作将他人置于整个说服过程中　251

如何写出吸引读者的精彩标题　252

使用哪些词汇能吸引更多的注意力　255

为什么适当地表达情绪，客户会买得更多　258

为什么我们在知道结局之后还会继续看电影　263

美国总统贝拉克·侯赛因·奥巴马是如何亲自关注数百万人的　267

在向客户说明折扣的时候，用百分比还是具体金额　269

为什么邮件里出现一些拼写错误也无妨　270

是否要标明产品或服务的适龄人群　272

为什么律师有时会坏事　275

人们在营销写作方面的头号问题是什么　278

关键知识点　279

08 让尽可能多的人谈论你的好 281

- 新型冠状病毒和营销活动之间有什么联系，以及你能从它的传播过程中学到什么 282
- 为什么家长会对自己孩子的成就感到无比自豪 284
- 如何在不付出任何成本的情况下成为人们的谈资 286
- 活动摄影师、商业顾问和足球裁判有什么共同点 288
- 与他人交流时，最应该让对方了解你的什么信息 290
- 礼品券、现金、酒店的周末套房，你会选哪个作为员工的礼物 292
- 孩子最喜欢儿童剧的哪一部分 294
- 为什么赞美客户、同事和竞争对手非常重要 296
- 如何在两个月内获得柔道等级腰带 299
- 如何让参会的人更好地记住你教的东西 302
- 幼儿园的老师为什么给你发孩子在学校的照片 304
- 成功人士到底在隐藏什么 308
- 你是否觉得自己在营销方面下了很大功夫，却收效甚微 310
- 关键知识点 314

09 如何让刚认识你的人感觉良好 317

- 如何记住多年未见或未联系的人的名字 318
- 为什么不能和客户做朋友 320
- 什么话客户最想听，但你绝对不能说 325
- 为什么不能在客户饿肚子时约见他们 327
- 为什么我们不喜欢更换供应商和服务提供者 329
- 如果有人在会议上请你喝东西，应该接受吗 332
- 什么时候不能接电话 334
- 酒店管家为什么对我微笑 336
- 威廉·杰斐逊·克林顿是如何当上美国总统的 339
- 在与人沟通时为什么要避免使用专业词汇 340
- 如何保证别人在你身边时感觉良好，并保持微笑 343
- 如何防止客户对你感到失望 346
- 关键知识点 349

10 如何让他人在不了解你的情况下信任你 351

如何在完全没有经验的情况下取得成功　352

谁是第一个给酒保小费的人　356

有两家餐馆，一家满客，另一家是空的，你现在很饿，
　　会选择去哪家吃饭　357

你要为初创公司筹集资金，如何提高成功的概率　359

如何让比你更资深、更有名的人注意到你　361

为什么要告诉客户你经常做什么体育活动　363

志愿服务如何增加你的收入　365

你要把照片或视频发脸书，背景应该放什么好　367

哪四个字最能激励人们采取行动　372

我和妻子是如何为大儿子选择保姆的　374

名人推荐真的有用吗　375

我想让你做我的客户，但我不需要你做我的客户　377

世界上最好的大学不想让你知道的事　380

关键知识点　384

引 言

在人的一生中，最重要的四样东西是什么？

一项国际研究的数据表明，如果你在街上随机找一些人来回答这个问题，绝大多数人会给出以下四个答案：

1. 爱

2. 财富

3. 幸福

4. 健康

顺序或措辞不一定和我说的完全一样，但意思都大致如此。换句话说，对绝大多数人来说，人生中最重要的四件事是：

1. 被他人所爱（这里的他人包括亲人、爱人、朋友，等等）

2. 有足够的钱去过自己想要的生活

3. 感到快乐、满足和充实
4. 身体健康、充满活力

很多人发现自己在学校里学到的知识并不能满足自己的需求，也很难应用到实际生活中，知识和实践之间有一道难以逾越的鸿沟，绝大多数人在离开学校后才意识到这一点。举两个例子：

第一个例子：我是个经济学家，曾为了拿到经济学的学士学位努力了3年。然而，在那3年里，没有任何一个教授在任何课程中教过我任何市场营销方面的知识，他们教的都是理论经济模型，从来不提"钱"这个字。如果学经济的学生接受的都是这样的教育，怎么会知道如何创业、如何赚钱呢？

第二个例子：我除了是个经济学家，还是一名律师（当年学经济学的同时学了法律），但和学经济学一样，从来没有人教过我如何在法庭上发言、如何写法律声明、如何谈判，等等。如果一个律师满脑子都是法律理论，却没有能用来和客户与法官打交道的实用技能，如何在竞争激烈的商业世界中立足呢？

我可以举更多的例子，但归根结底问题只有一个：当人们意识到自己的生活中缺少金钱、健康、幸福和爱的时候，意识到自己无法将学到的知识运用到生活中的时候，应该做些什么来弥补呢？

答案是：接受非正式教育。这种教育能帮助人们跨越鸿沟，学习自己在学校教育中没有学到的知识。方式有很多种，如借助讲习班、会议、书籍、咨询、专家指导，等等。

在与客户合作时，我经常会强调两个要点：

一是学会如何在公众面前发言、如何让你的话具有说服力、如何掌握沟通技巧，以此来改善人际关系。

二是学会如何营销、如何谈判、如何销售以及如何进行业务汇报，以此来增加你的收入。

我有两个好消息要告诉你：

第一，你在生活中遇到的所有鸿沟，如爱、两性关系、其他关系、金钱、健康、幸福等，其实都有人可以教你跨越，而你需要找到那位老师。

第二，如果你的工作本身就和爱、金钱、健康、幸福相关（如教练、商业顾问、心理咨询师、婚姻顾问、经纪人、营销顾问等），那你应该感到十分庆幸，因为你在解决大多数人生活中的共同需求，你有大量的潜在客户。正式教育一直忽视的那些问题，你可以在工作中帮助人们具体解决。

　　本书的目的就是帮助你跨越"鸿沟",向你传授销售、营销、说服、谈判、演讲和商业等方面的知识,弥补你在正式教育中未被弥补的短板,最大限度地开发你的潜力,帮你取得能力范围内的最大成功。

　　本书中包含了10章内容,每章介绍一个理念,可以帮助你在以下方面改变你的生活：

- 大幅提升你的收入（无论你是受薪员工还是自由职业者）。
- 增加你在行业内取得成功的机会（无论你是行业小白还是职场老手）。
- 提升你在公司内的业绩（无论你是事业刚起步,还是已经工作多年）。
- 增加进入新兴领域和市场的机会。
- 增加与他人建立伙伴关系的可能性。
- 增加提升自己的口碑、专业权威和市场地位的机会。

　　这10个理念适用于任何国家、任何人群、任何领域和任何市场。在过去的20年里，我涉足四大洲，在世界各地举办了2500多场研讨会和讲座，向全球1250多家大公司和组织提供过咨询服务，并指导过成千上万的中小型企业员工。即使你只应用这些理念中的一小部分，都会收获良多：销售更得心应手；吸引更多客户在你这里消费；获得更多投资；更多的人向亲朋好友宣传你，成为你的宣传大使，而且他们会更爱你。

虽然我的工作主要基于大量的理论研究，但我不是个只会纸上谈兵的人。从21世纪初开始，我就一直在研究营销、说服、销售、公共演讲、修辞、谈判这些领域的技巧。我是名博士、经济学家、律师、调解员、房地产经纪人，且喜欢脚踏实地——在实践中检验自己推荐的工具和方法是否可行。（我从12岁开始就从事销售工作，当时在老家小镇上的一个路口卖花。）

我在书中提到的每一个小贴士和工具，都已经经过了无数次的检验与试错。你可以把这本书当成我的一场讲座，书里的内容就是我的发言稿，有一些我强调的内容，我希望你在读的时候能有身临其境的感觉。在书里我会使用括号，甚至省略号，不要小看这些标点，它们都是我想教给你的策略。

好好利用书中的工具，它们能成为助力你成功的金钥匙，不仅可以促进你在商业、收入、品牌推广等方面的成功，还能让你在育儿、人际交往、友谊等方面如鱼得水。

成功人士一直试图在各个领域不断提升自己，也正因如此，他们才取得了比世界上大多数人更多的成就。即使是专家，在某种程度上也是学生。也许你的资历很深，经验十分丰富；也许你早已熟知书中的一些原则，但我依然建议你去深入了解这些故事和例子，找到那些你还不知道的、没实践过的，尝试把它们落实。最主要的是，我希望你能学习书中看待事物的独特视角，因为即使是司空见惯的事，从不同的角度看也会大有不同。

本书提炼了营销、说服和销售的10个理念。它们是非常实用的工具，也很容易在实践中被应用，尤其在如今这样一个各行业市场趋于饱和、充满挑战和竞争的数字时代。我会在每一章的结尾总结一章的重点内容，提炼关键知识点，方便你更好地把它们运用到实践中。

我希望缩短你的学习曲线，也真心希望你能在生活和事业上取得成功。

对我来说，最重要的是这本书能引起你的兴趣，能让你开心地学到知识。我希望你在阅读时能一遍一遍地对自己和身边的人说:"他说得太对了。"

现在,尽情享受吧!

亚尼夫·柴德

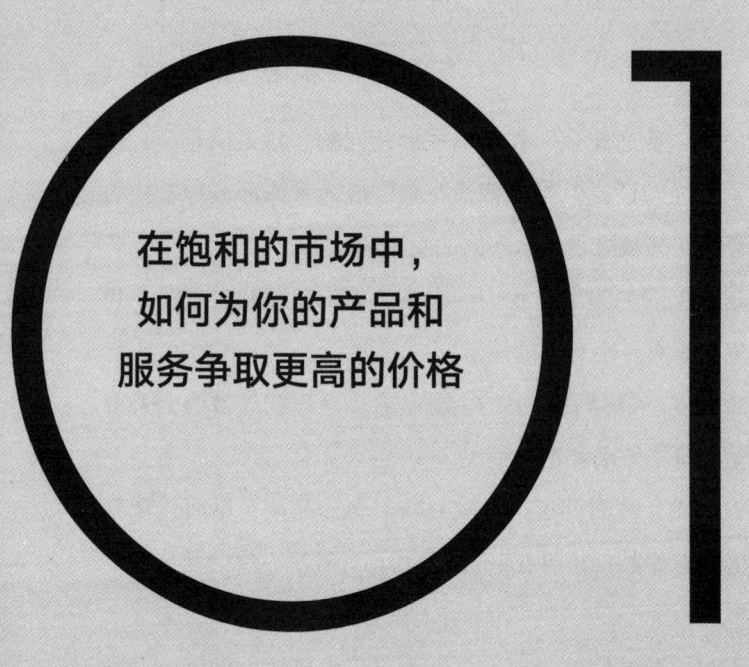

01

在饱和的市场中，如何为你的产品和服务争取更高的价格

"普通花束"和"新娘捧花"有什么区别

一束"普通花束"和一束花形相同的"新娘捧花"有什么区别?换句话说,当"普通花束"成为录像环节和婚礼的一部分时,会被赋予什么不同的意义吗?

这个问题的答案,我们会在本节的末尾揭晓。现在,我们可以先来看一个有趣的故事:

由于亚马逊是我卖书的主要平台,所以我经常会上去查看书籍的价格波动和销售情况。

有一次,我看到了一部莫扎特经典作品集,里面包含莫扎特的99首作品,售价在8~11美元。当时我心想:真是物美价廉!

不过,莫扎特的经典作品并不仅仅向成年人出售,市场上还存在一个完整的产业链,叫作"小小莫扎特"(对那些没有孩子或是孩子大了的人来说,这些作品集并没有什么吸引力,因为它是专为0~3岁的婴幼儿设计的)。一部"小小莫扎特"的作品集能卖到39~51美元!而且里面只有10首作品!

事实上,两种作品集根本没区别,因为莫扎特并没有特地为儿童创作过什么作品。不过，虽然婴幼儿版的曲目比成人版的要少得多，价格却比成人版的高出了约4倍！原因只有一个：它是专门为儿童设计的。

研究表明，人们经常会在三个方面花许多冤枉钱：

1. 孩子

2. 健康

3. 婚礼

先说孩子。根据世界各地的调查来看，一个典型西方家庭的孩子，无论其家庭的社会地位和经济状况如何，从他出生到18岁成年，平均要花费几十万美元！

你可能会问：一个普通家庭怎么可能负担得起这么高的费用？

确实负担不起。但是父母无论如何也会把钱花在孩子身上，因为很多人觉得"再苦也不能苦孩子"。正因如此，"小小莫扎特"才会比成人版作品集贵了约4倍。

再说第二个方面——健康。我们的身边都有这么一些人，他们从事着普通的工作，拿着不高的工资，生活也很简朴。即使周围的人一直劝他们多赚点钱，他们也无动于衷。然而有一天，他们自己或家人生病了，需要10万美元的手术费。这时候他们突然开始想尽所有办法筹钱：打好几份工、募捐、跟身边人借钱，到医院交钱的时候眼都不眨一下。为什么？因为他们知道：在健康方面，多少钱都得花。

第三个方面——婚礼。"新娘捧花"和"普通花束"的价格差异非常大，同样一束花，平均价差可能不是25美元，而是125美元！

为什么？因为人们使用的目的不同。

一对新人去买捧花，购买的是一种新娘"做一天女王"的感觉，是让新娘有一种"今天我最贵"的感觉，毕竟捧花要和昂贵的礼服、发型和妆容相配。此外，他们还会拍摄华美的结婚照。几十年后，他们会一边翻着相册，一边和自己的后辈说："看你妈妈/祖母当年多漂亮！"

这就是为什么人们在婚礼上愿意花更多的钱。

如果你在这三个领域之一销售产品或服务——孩子、健康或婚礼，那真的太幸运了！我不想听到"行情不好""竞争激烈"这样的话，那只能说明你学得还不够，你要明白"在给出解决方案之前销售问题"的重要性。问题越棘手，情况越紧急，客户就越愿意为解决方案出钱。

假设你要向客户卖花，那么在这之前，你得先了解他们为什么要买花。

为什么足球运动员收入那么高

2009年6月，足球运动员罗纳尔多所在的曼彻斯特联足球俱乐部（简称曼联）赢得了欧洲冠军联赛，罗纳尔多在两周后从曼联转会到了皇家马德里足球俱乐部（简称皇马）。当时的转会费达到了近1亿欧元，那时候罗纳尔多的年净工资为950万欧元，皇马还要支付经纪人1000万欧元的佣金。所以说这些钱在当时是个天文数字，直接在媒体界引起了轰动，皇家马德里的主席弗洛伦蒂诺·佩雷斯也受到了前所未有的批评。几天后，他又以3500万欧元的价格签下了法国球员卡里姆·本泽马。

佩雷斯接受采访时说："一开始看起来最贵的签约，最后会是最划算的。"

记者们当时还嘲笑他，但从长远来看，佩雷斯确实是对的。

因为罗纳尔多转会后，皇马立刻建立起一套完整的商业模式，以期在6年内收回投资（其实不到6年就收回了）。这套商业模式包含以下内容：第一，与可口可乐、奥迪和阿迪达斯等公司签订大量广告合同，增加业务往来。第二，大幅提高订阅价格，在世界各地举办夏季表演赛，并从转播权方面入手，设法在5年内获得7亿美元的收入。第三，在3年内，从必赢博彩公司获得3000万欧元的赞助收入。

现在，我们再问一遍：2009年的罗纳尔多真的值近1亿欧元吗？

答案是：对皇马来说，他确实值，不然他们不会为他支付这么高的费用。

现在我们回到现实中。在我看来，客户和消费者都是精打细算的人，很多公司和企业却没有意识到这一点。所以，不管你从事哪个行业，都不要去糊弄客户，不然一定会惹一身麻烦。

总而言之，每个人都会计算自己的得失。如果客户购买了你的产品或服务，那他们肯定希望自己能从中受益，能满足自己的需求。他们也许不够理性或有些感情用事，但那也是他们的需求表现。

作为一名销售人员，你也许无法时刻看到这些需求，但客户可以。否则他们不会为产品和服务支付高价，尤其是在他们可能一时间拿不出这么多钱来的情况下。

当然，不是每个人都愿意花这笔钱，只有那些资金充足、能从中看到长远利益的人才愿意。

如果你想将自己的产品或服务卖出高价，就必须深入了解客户的"内心活动"。要站在他们的角度思考从你这里消费是不是好处更多,而不是站在自己的角度,思考你为什么想卖给他们。向他们提供解决方案之前,你需要先推销他们的需求、痛点和问题。

为什么我们要与自己谈判,而不是与客户

之前,我和一个客户进行过一次非常有趣的交谈。这个客户既是讲师、教练,又是顾问。那时候她正在负责一个项目,一家大公司通过这个项目找到了她,想和她合作。然后她打电话给我,想问问我收多少钱合适。

我立刻看到了其中的机会,让她把"合作拔高一个档次",给客户一份比较高的报价。这样,她不仅钱赚得更多,接触的客户也会更优质。

然而她一听报价,直接就被"吓到了",因为她想给的报价比我说的要低得多,她开始和我争论:"他们肯定不会接受这个价格的!谁愿意花那么多钱?"

我向她解释,肯定有人愿意花这么多钱。如果让我来

报价，我要的价格甚至更高。不管怎么说，我觉得她值这个价，至少得让他们觉得她值这个价。

我们争论了好一会儿，她一直试图向我解释为什么她不想报那么高的价格，就算我站她这边也没用。除此之外，她还一直说："别说你提的这个价格了，我觉得我想给的报价都太高了，保险起见，我还是再降一点吧。"

我立刻阻止了她，说："看看你自己在干什么，和自己讨价还价，和我这个导师讨价还价。你现在连客户的面都没见过，怎么知道他们的预算有多少？怎么知道他们对这个价格的反应？你连他们平时给多少钱都不知道。"

其实她只是害怕客户会拒绝，对她的报价说"不"。但从专业角度来说，客户既然找到她，就肯定是想用她。她因害怕被拒绝，一次又一次降低自己的报价，最终降到一个根本没什么利润的价格，完全配不上她的业务水平。

从那次的谈话中，我得出几个结论：

第一，大多数人给自己定价太低。这就导致他们不知道，也永远不会知道自己真正值多少钱。所以，你应该为你的产品和服务争取更高的价格。

第二，世界上最难的说服是自我说服。相信自己，相信自己值得让别人为你掏钱，相信自己十分专业、十分权威。

不仅如此，你还要向客户证明自己为何权威，如何权威。只有这样，你才更有可能要到高价。

第三，当你和客户谈价格的时候，不能只看自己想要多少，能要到多少，也要看客户愿意给多少，能给多少，还要看他们能从你这里得到什么价值，你的知识和经验对他们来说有多重要，他们的预算空间是多少，等等。

这就是看待问题的方法，也是定价的方法。

一道切片西红柿卖24美元，如果让你卖，你会怎么做

2019年7月，《纽约邮报》刊登了一篇评论，对纽约一家名为HaSalon的餐厅进行了严厉的批评，餐厅的老板是以色列的国宝级厨师埃亚尔·沙尼（Eyal Shani）。

美食评论家史蒂夫·库佐（Steve Cuozzo）表示很愤怒，因为这家餐厅的一道切片西红柿要卖24美元！他写道："他们家的西红柿味道确实不错，但绝不是我吃过的最好的西红

柿。"他还补充道，HaSalon在英文中的意思是"沙龙"，原意为"客厅"，但这家餐厅的所作所为，分明就是糊弄消费者，还不如直接把餐厅翻译成"沙比"。

此事一出，一系列的问题接踵而来：

第一，一道切片西红柿卖24美元是一种"不要脸"的行为吗？

第二，埃亚尔·沙尼这位大厨卖的到底是什么？

第三，这样的批评对一家餐厅有什么影响？

对于第一个问题，换一种说法：一个西红柿应该卖多少钱？

我们都知道，西红柿的品种以及售卖地段都会影响其价格，光农贸市场和超市里的西红柿价格就会有所不同，更不用说私营杂货店这种价格经常"失控"的地方，有机食品店就更不用提了。

对于这个问题，我的回答是：只要顾客愿意，多少钱都可以。

纽约的这家HaSalon餐厅大部分时间都坐满了客人。在自由市场和私人餐馆中，商品的价格是由供求关系决定的。所以有人愿意花24美元买一道切片西红柿也不足为奇，毕竟还有人愿意花24美元买一份牛油果烤面包片呢，里面除了面包片基本只有一个牛油果和几颗成本价1.9美元的青豆，但人家觉得这东西值这么多钱。

再来看第二个问题：厨师把一道切片西红柿卖到24美元，他给顾客提供的难道就仅仅是一道切片西红柿吗？

当然不是，人们还是冷静的、理性的。像其他餐厅一样，HaSalon给顾客提供的不仅仅是食物，还有一种超越食物本身的体验。在HaSalon，顾客能尽情舞蹈，能恣意狂欢，能看厨师们表演，能享受音乐、享受快乐。这便是餐厅提供的独特体验，它让纽约人体验了一把十足的"中东风情"。

24美元，顾客们不仅能买到切片西红柿，还能在欢乐的氛围里舞蹈，体验食物独特的供应方式，这是无与伦比的用餐体验。况且，纽约这个国际大都市本就对"地中海特色"青睐有加。

也许最耐人寻味的问题是：这篇评论会对餐厅产生什么影响？

人们可能认为，餐厅最害怕的就是被著名美食评论家抨击。但事实上，《纽约邮报》上的这篇评论却让HaSalon的客流量不降反增。

这是为什么呢？

因为HaSalon虽然在这篇评论发表后落了个"坏名声"，但也有更多的人因为这篇评论知道了这家餐厅。有人觉得花这钱不值，也有人更想看看24美元的切片西红柿到底长什么样，究竟是什么味道（毕竟，没有人会在吃过24美元的切片西红柿之后不向人吹嘘）。

我并不觉得"负面宣传也是宣传"这句话能适用所有场景，但在这件事上，这句话是成立的。

更重要的是，那篇评论上说的"厨房里有老鼠""服务员很粗鲁，有种族歧视"这样的现象根本就不存在。HaSalon名声再坏，也只不过坏在"定价高而已"。高定价，有时只是一种品牌定位，只是为了给顾客带来一种不同的体验而已。而且，既然厨师都把自己当艺术家了，那他的"艺术品"卖得贵，部分群体也能接受，这才配得上他的身份。

如何说服自己提高定价

情境1：

你是某个领域的专家或公司老总，现在想提高你的产品或服务的价格，但提高后的价格却超出了客户的预算。现在,你如何才能面不改色地和对方进行协商?

情境2:

工作很多年后,你创立了属于自己的企业或公司,你如何才能从容不迫地接受这种"身份转换"?

情境1解决方案:

把提高后的价格写在纸上,时不时拿出来看一眼。然后对着镜子、伙伴、配偶或同事,将其大声念出来,等自己有底气了,再把这个价格报给客户。

情境2解决方案:

给自己做张名片,印上你公司的Logo,然后在你的名字下面写上"CEO""老板"或"创始人"。

这两种解决方案有什么共同之处?那就是在说服客户之前,先进行自我说服。

在情境1中,把定价报给客户之前,你要对自己的报价有自信,从容不迫地把它报出来。不过,前提是你得保证提高价格的合规性与合理性。

在情境2中，在向别人介绍自己的身份之前，你要先觉得自己配得上这样的身份，要有"公司是我一手创办的"这样的心态。毕竟，多数企业家、商人和公司老总都是从零起步的。

对自己掌握的信息有信心，是客户对你有信心的前提。同理，对自己的立场坚定不移，才能说服别人相信你。也就是说，你的说服能力源于自己的头脑，源于你审视自己的方式，源于你看待商业的角度。

为什么不能免费接待客户

从业这么多年，我遇到过争议最大的问题居然是：第一次与客户会面该不该收取费用，这令我十分惊讶。

在每次办讲座、研讨会或为大中小型企业提供咨询服务时，只要与服务行业的从业者会面，我都会阐明自己的观点。这类从业者包括律师、商业顾问、抵押贷款顾问、保险代理顾问、房地产商、旅行顾问、评估师、建筑师等。每当谈及如何与客户建立联系、如何与客户商榷定价时，我都会指出："不管是从个人品牌、未来定价还是从达成交易的可能性来考虑，当你第一次见客户的时候，就应该收取费用。"许多人会震惊不已，恨不得跳起来和我争辩："在我干的这一行，这根本行不通""嗯，这在其他行业可能行得通，在我们这儿行不通""我从没见过刚见客户就收费的竞争对手""第一次见客户就收费，谁还愿意和我合作"……

个人和企业所犯的最大的错误之一，就是第一次会见客户时不收费，连我身边人都是如此。你觉得与客户单纯会面需不需要花钱？可能有人会说，花不了多少钱，但其实，就算是单纯的会面也有许多隐藏的花销，如停车费、油费、保姆费、你本可以做其他事情的时间，等等。

我觉得这个话题非常值得讨论。这是你说服客户过程中很重要的一环，直接决定了客户会不会和你合作。我要告诉你为什么不能免费和客户会面。

首先说明一点，我说的会面，就是单纯的会面而已。不是工作上的会面，也不是你跟客户谈合作的那种会面，更不是你在店里或展会上碰到客户来考察产品的那种会面。单纯的会面是指花时间和精力给客户办的一场"介绍性会面"，多数人不会在此过程中进行其他工作的推进，且不收取任何费用。

下面，我将列出"介绍性会面"需要收费的原因：

第一，从你开始给客户提供价值的那一刻起，就应该开始收费，这是完全合理的。举个例子，假如你是某行业数一数二的专家，举世闻名，一定会有很多客户慕名而来。他们来咨询，你花时间倾听他们的故事，了解他们的问题和需求，然后给出解决方案，提供一些指导，帮助他们破局，等等。换句话说，你会为他们提供行之有效的方案。

在这整个过程中，没有所谓的"介绍性会面"。这种所谓的"介绍性会面"是那些想占便宜的客户创造出来的。他们的经典话术就是："你得到我办公室来聊聊咱们才有机会认识呀""我们还不了解对方呢""我想再多了解了解"，等等。

当你和客户见面的时候（包括大公司的经理），他们不关心你的背景，也不想从个人层面了解你，他们真正感兴趣的是自己的需求和问题，他们会在见面时尽可能地从你身上"榨"出有用的信息、提示、工具和帮助。

试想，如果你真的帮到了客户，他好意思不付费吗？如果你觉得你的水平接待不了客户，无法为他们提供有用的帮助，那干脆就别见面。记住，先收钱，再办事。

第二，不愿意为会面付费的客户，不是优质客户。

我一般将这类客户称为"优惠券人群"。你会在他们身上倾注与付费客户同等的精力：提前了解他们的情况、准时赴约、阅读他们寄来的材料、会面期间向他们提供有价值的见解、回答他们所有的问题，等等。

但他们总是因为自己没付费而下意识地和你争辩，并对你的付出丝毫不领情。他们很容易在最后一刻取消会面，甚至在不通知你的情况下迟到或缺席。而这大多是因为他们没有花钱，他们觉得自己没有赴约的义务。研究表明，这类客户与你达成合作的可能性远低于付费客户。

还有一点，客户为你付费越多，就越尊重你。

人们普遍认为，只有付费客户才会因为付了钱而心里不痛快，从而对你诸多挑剔。实际上却恰恰相反，他们不但不会不痛快，反而会更尊重你。原因就在于，他们会在潜意识里不断自我暗示你是专家，安慰自己钱没白花。费用越高，他们的这种自我暗示就越明显。

只要你"先收钱，再办事"，自然就能把优质客户和"优惠券人群"区别开来。优质客户是那些已经"成熟"的，拥有强烈购买欲望的客户，"优惠券人群"是那些尚未"成熟"，还在观望，一直在试探的客户。换句话说，"优惠券人群"是那些已经见了至少五个专家和供应商，向你表明购买意向，然后拍拍屁股走人的客户。他们会整合从这些人身上"榨取"的价值，然后自己单干。

所以，先收钱，再办事。

第三，无论你从事哪一行，作为这一行的专家，最宝贵的资源便是你的时间。你必须重视它，对它进行相应的定价，否则就会损害你在客户眼中的形象。

经济学上有一个术语叫"价格定位"。意思是说，产品和服务的定价，会决定它们在客户心中处于什么水平，属于什么类别。有时这甚至会影响你本人在客户心中的形象。

如果你与客户的第一次会面是免费的，你就很难跳脱客户对你的"刻板印象"。免费的会面会让客户觉得你这个人无足轻重。例如，许多商人认为，"如果我第一次会面不收费，客户就能看到我的服务有多好，我有多专业，这样他们以后就会给我很多很多钱"。然而，这种做法往往适得其反。如果你免费接待客户，你们达成合作的概率非但不会上升，反而会下降。

因为想占便宜的客户一定不是优质客户。他们会认为，你连钱都不收，水平肯定一般，不够专业。如果你十分主动，他们就更会这么认为。所以，他们把你的时间当成不值钱的东西，又怎么会为你的时间付费呢？（不必惊讶，人人如此，你也是。）

即便有一小部分客户愿意给你钱，出手也不会多大方。别忘了，你参加一场接一场的会议都不收费，他们不会觉得你有多"专业"。

所以，如果你想在行业里塑造自己的品牌，想在陌生客户心中树立自己的权威，就要先收钱，再办事。

几年前，一家国际大公司的市场部副总找到我，要求与我会面。她听过我在一个大型会议上的演讲，对我印象十分深刻。她即将向市场推出一款新产品，所以我那场讲座的主题——激励客户行动及新产品的市场渗透——恰好契合了她公司当下的需求。

我告诉她，我很乐意与她见面，并交代了一些细节以及我的收费标准。一听我要收费，她有点惊讶，说："不，不，我们只是想让你开个介绍会。"

我问她是何意，她回答说："我们目前还联系了其他几位顾问，我和其他几位高管会先和你会面，咨询一些关于我们新产品的问题，再选择和谁合作。"

我和这位市场部副总此前并不认识，如果任由她安排，会面地点肯定会选在他们公司的办公室。如果我如期赴约，他们会告诉我产品和发布会的情况，让我谈谈我的见解，不会给我付费，也不一定会与我合作。

我把这件事告诉了几个人，他们都说："这也没什么，人家只是想先了解一下你的情况。"我对此感到很迷惑，

"了解我的情况"是什么意思？毕竟，他们又不会问我私人问题，他们见我只是为了我的知识、经验、能力这些东西。

也有人说："行吧，见见也没事，但你别给他们透露任何有用的信息。如果他们问你专业问题，你就说只有达成合作后，才会在后续付费的会面中提供解答。"

想想那时的情况：我如期到场和他们会面，由于我完全是按照他们提的条件来的，所以会面中我处于劣势。用不了几分钟，他们的第二个或第三个问题就会涉及专业知识，毕竟那才是他们想要的东西，也是我们会面的原因。然后呢？在那种面面相觑的情况下，我能否"有权保持沉默"？

那就像拍戏的"试镜"，如果我不为他们答疑，输出我宝贵的知识，就无法给他们留下深刻印象，展现出我的专业。

如果我真的那么做了，他们会不会白得我的知识，然后单干？会不会去见另一个顾问，和他一起讨论我的想法？如果他们不为会面付费，凭什么从我这里得到知识？他们还会不会承认我在这个行业的权威？

我想应该不会。所以我向她解释说："钱不是白收的，我这是在以最专业的方式行事。会面前，我会先向你了解公司的产品和发布会，告诉你我需要哪些材料，我会在会面的一开始就为你提供有价值的信息，真正做到有备而来。"

正如我已经说过的，如果我从一开始就为客户提供有价值的信息，那么我就应该从一开始就得到报酬。

我不相信"介绍性会面"这种东西。

如果客户真的想了解你，会怎么做？他们会提前打听你，但不会"成熟"到付钱。

想免费了解我，简单，渠道多得是。我有两个脸书①账号，一个私人号，一个工作号，还有一个油管②账号，这三个账号中有我很多信息，包括数百个视频和数小时的培训课程。此外，领英③、推特④的邮件列表也可以了解我，我的三个网站上还有无数的文章。我会把相关链接、材料和免费的视频发给你。一般也会和你通个简短的电话，互相了解一下，问一问你的需求。如果我们要谈一个大项目，我可能还会在以后举办大型会议的时候邀请你做我的嘉宾。

但如果你想和我面谈，就必须付费。这是我在过去20年所遵循的商业模式，而且我认为，所有行业都应该遵循这种模式。这样做客户会更加尊重你，有利于你从一众竞争者中

---

① 即facebook，一个社交网络服务网站。——编者注（若无特别标注，此书注释均为编者注）
② 即YouTube，一个视频网站，由美国华裔陈士骏等人创立。
③ 即LinkedIn，一个面向职场的社交平台。
④ 即Twitter，美国社交网络及微博客服务网站，也是一家公司。

脱颖而出，增加自己被客户选中的概率。

这个故事是我想和你分享的活生生的案例。那时他们并没有立即安排有偿与我会面，而是谈了好几个星期，发了不少电子邮件。不过，最后他们还是按照我的收费标准，安排经理与我进行了有偿会面，最终我们也达成了合作。在随后的几年中，我们又合作了几个非常不错的项目，这对我们双方，尤其是对他们来说，是大有裨益的。

直到今天我还记得，当年那五个高级咨询师中，我是唯一一个上来就要求付费的。

起初他们很"生气"，也很惊讶。但震惊之余他们也会好奇，对我的赞赏之情也会高于其他顾问。当然，不是所有的故事都有圆满的结局，很多时候我一提收费这件事，客户就直接跑了。真正有诚意的客户是不会吝啬付费的。这是我的经验之谈。

所以说，最好不要和那些只想占便宜的客户合作，他们只会给你一个"试镜"的机会，同时以相同的方式约见你的几个同行。最终，他们可能会把你们全部拒绝掉，然后白得你们的知识。

作为某个专业领域的专家，你最宝贵的资源便是你的知识，第二宝贵的资源便是你的时间，所以不要轻易把这两样东西送给别人。

这个道理适用于任何领域、任何市场和任何职业。

记住，一个人如果真心想了解你，总能找到途径，你一定不能浪费自己的资源，免费和他们会面。

与客户谈论高定价时，为什么不能夸大其词

想象一下（单身的朋友不用想象）：晚上你下了班，一脸疲惫地回到家，突然爱人对你说："我们得谈谈。"此时坐在沙发上的你一下子紧张了起来，感觉压力巨大，心想：又怎么了？我做什么了？又想干什么？你十分忐忑，甚至在心里编好了一出分手大戏。

你打起十二分的精神，准备开始你们的"辩论"（尽管你还不知道要争论什么），你爱人说："我之前告诉过你好几次，早上出门的时候把垃圾带下去，你就是不听。这些垃圾使厨房里味道很大，还碍手碍脚的，下次你要注意。"

现在回过头来看，你有必要紧张吗？那些内心戏根本就没必要！完全就是虚惊一场。你把一些无关紧要的小事当成

了大问题!

不幸的是,这种情况不仅发生在人际关系层面,也发生在生意场上——在商业咨询、会议、销售电话、客服中心收到的来电中,一直屡见不鲜。当谈及价格的时候,很多客户都会变成"戏精"。

原因就在于,大多数人并没有学过如何销售,而且他们也不喜欢推销这一环节。他们更喜欢介绍产品与服务,而非协商价格,他们会觉得"谈钱伤感情"。但这样做极容易让交易环节产生不必要的麻烦,因为如果你在推销过程中不谈价格,最终就只能在交易环节对客户说,"现在我们得谈谈钱的事了"(这话的糟糕程度不亚于上文说到的"我们得谈谈")。然而,话题一旦转向价格,客户会立即压低语调、减缓语速、目光躲闪、降低对商品或服务的兴趣,你会感到谈话的氛围迅速降到冰点。

怎么会这样呢?

第一,你在谈论金钱时是否自在,客户一眼就能看穿。

第二,你无形中给客户增加了讨价还价的余地,他们会说,"这太贵了"。他们甚至还会提出打折、分期付款等一系列要求,而这一切是因为你表现出的软弱、不安全感和不自在。

第三,一旦谈及价格,客户会立即变得紧张、焦虑,变得十分警惕，谈话也会向着不好的势头发展。

那么，你应该怎么做？

尽可能在"不经意间"提到"金钱"，使之完美融入整场谈话。在这个阶段，不要加一些"戏剧性"的情节，不要在谈钱时畏首畏尾。相反，你要强硬一点，用流畅、自信的态度说话，就像先前向客户描述你的产品、服务、解决方案时那样。

大胆地说出价格，不要默不作声，保持流畅和自信，多提及客户在付款后能获得什么好处。想让客户觉得你的报价是合理的，要先保证你自己认为这样的价格是合理的。

如果你把付款看作自然而然、合情合理的事，那么，就算你的价格很高，客户也不会觉得这样的价格有什么不合理之处，还能避免不必要的争论和砍价。

为什么不要给客户折扣

俗话说："说谎者要有好记性。"为什么？因为只有记性好，他们才能记住在什么时候对什么人说了什么事。而诚实的人对每个人都说同样的话，所以他们有时不需要记住跟谁说了什么话。

多年来，每当谈到要不要给客户折扣，我都会举这个例子。

不按规章制度办事的企业和个人不在少数，他们给客户的限定条款是固定的，报价却是不固定的。他们的说辞经常是："规章制度不重要""我都是通过谈话时客户给我的感觉来给他们报价""客户的经济实力不同，报价自然也不一样""就算不按价目表给他们报价，我过得也不错"，等等。

在现实生活中这种做法会导致一种混乱。

第一，他们的记忆力得非常好，才能记住给每个客户的报价。但大多数情况下，人们的记忆力没这么好，所以最终导致他们给客户留下非常不好的印象，而客户往往也会利用他们糟糕的记忆力，要求大幅降价，索取折扣。

第二，一场成功的对话，话题的引导者应该是你，而不是客户。想自信地引导销售过程，提高合作的机会，就必须让每个人（主要是你）都清楚各项条款；就必须明码标价，给每个产品、每项操作或服务都赋予固定的价格；最重要的是，你必须对自己给出的价格了如指掌，并对其满意。

如果你对自己的报价不确定，随时都能更改，条款又随时都能协商,客户就会觉得你能被轻易"动摇",他们就会与你争论,要求按照他们的标准来。最重要的是,你会逐渐失去他们的尊重。

所以,你不应该给予客户折扣,尤其当你以高价销售,并把自己定位为专家的时候。因为相对而言,客户很少会与专家进行争论。也就是说,客户更尊重专家(你可以把这个规律告知其他人),更愿意向专家支付更多的钱,而且几乎从不要求什么折扣,即使他们要求打折,心里也不会真的期待能拿到。

想得到更多的报酬,想被更多的人信赖,想完成更多的交易,想和更少的人争论,就要在与客户交谈时把自己当作一个专家。这样就不用像说谎者一样拥有出类拔萃的记忆力了。

在下一章,我将谈及如何将自己打造成专家。

关键知识点

为你的产品或服务争取高价——

先销售问题,再销售解决方案:

- 客户的问题或需求越重要、越紧急,就越愿意为你的解决方案买单。
- 如果你想以高价进行交易,就必须站在客户的角度来思考,了解他们从你这里购买的原因,而不是站在自己的角度,思考你为什么想卖给他们。大多数人给自己的定价太低,所以他们不知道,也永远不会知道自己真正值多少钱。
- 为你的产品和服务争取更高的价格。当你和客户谈价格的时候,不能只看自己想要多少、能要到多少,也要看客户愿意给多少、能给多少。此外,还要看他们能从你那里得到什么价值。
- 产品或服务究竟有多少价值,要看客户愿意为其支付多少。
- 在给客户提供新报价之前,必须保证自己对报价是自信的,保证自己满意这样的价格,还要保证提高定价的原因是合规、合理的。
- 如果你出售的是你的时间和知识,那么,从第一次见面就要向客户收费。如果你从一开始就为客户提供价值，也应该从一开始就收费。
- 客户为你支付的钱越多，就越尊重你。
- 你对产品或服务的定价，会决定你的产品和服务在客户心中处于什么水平，还会影响你在客户心中的形象。
- 如果你是业内的专家，你最宝贵的资源就是你的时间和知识，不要把它们免费送给别人。
- 尽可能在"不经意间"提到"金钱"，使之完美融入整场谈话。在这个阶段，不要给谈话增加"戏剧性"的情节，在谈及金钱时不要畏首畏尾。
- 要想自信地引导销售过程，提高合作的可能性，就必须对自己的报价了如指掌，并对其满意。

02

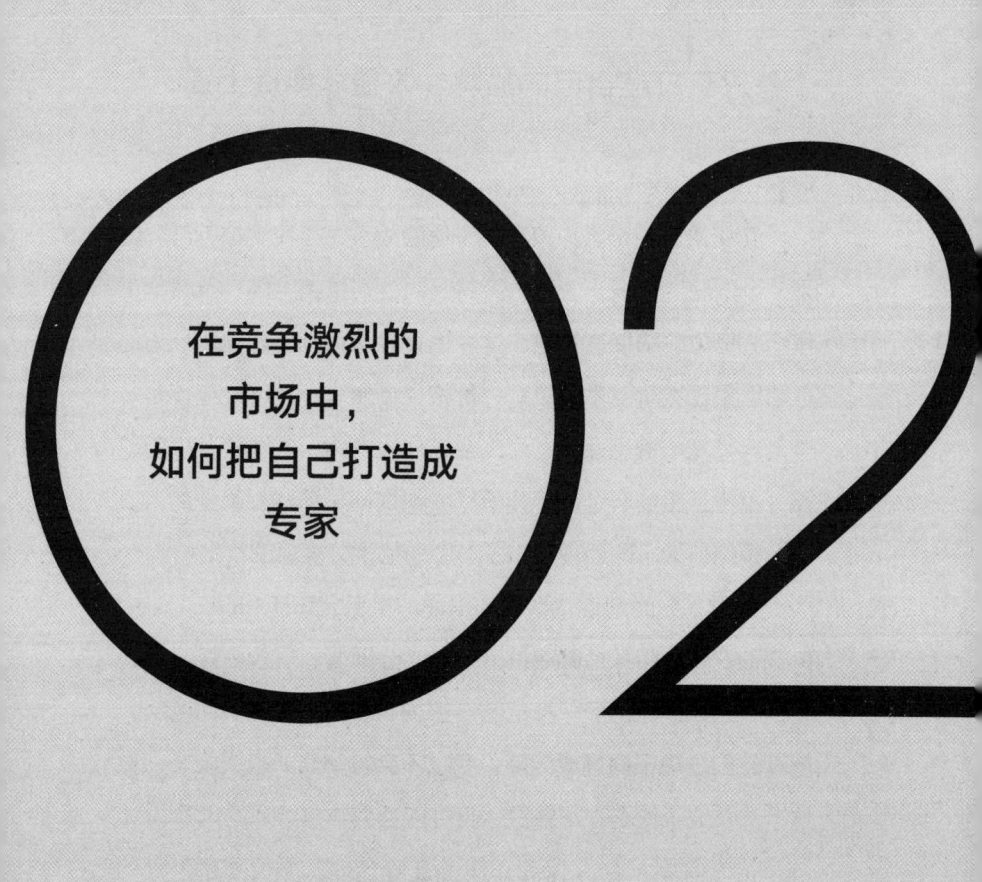

在竞争激烈的
市场中，
如何把自己打造成
专家

只有打造自己的品牌，收益才能提上去

几年前，一个客户跟我讲了他的故事，令我震惊不已。他是一个电脑进口商，工作内容就是向公司推销电脑。虽然他工作十分努力，却屡遭拒绝，这令他百思不得其解。他所推销的电脑质量比竞争对手的更好，价格也更便宜，按理说应该是每个采购经理的理想商品，怎么会这样呢？为了弄清楚其中的原委，也为了提高自己的工作效率，他询问了那些拒绝他的人，一个拒绝他的采购经理给出了一个令他十分震惊的答案。

这位采购经理说："我知道你的电脑比IBM（International Business Machines Corporation）的价格更低、质量更好，但我还是要从IBM订购下一批电脑。因为如果我采购IBM的电脑，就算它们出现了问题或故障，我也不会被解雇。但我要是从你这里买，完全就是在下赌注，很可能会面临被解雇的风险。"

这个答案虽令人惊讶，却也合情合理。那位采购经理的话其实也是其他采购经理的想法。我对这个故事并不感到惊讶，因为类似的情况我很熟悉。

多年前，我推出一种专门为企业经理和销售代理设计的讲座。第一次推广的时候我就知道，讲座能否办成的决定权在培

训经理手里。我当时很确信他们真正关心的是讲座的质量、讲座对参与者是否有益、讲座能否为参与者提供有用的见解，等等。因为只有满足了上述条件，参与者才能从中学到东西，才能增加公司的利润。现在想想，我那时候真是太天真了。

因为后来我才想明白，培训经理真正关心的是人们是否喜欢那场讲座。他们不想听到有人抱怨，也绝不想听到任何人在讲座结束后震惊地说："这个讲座怎么回事？这个烂到家的演讲者是谁？花那么多钱就听了这样的讲座？"他们担心自己会因为一个无聊的演讲者而受到训斥，甚至遭到解雇，他们不愿意冒险，所以就会去聘请知名的、成功的演讲者，换句话说，去聘请那些"名牌"演说家。

因为这些"名牌"更保险，更有可能为参与者提供一个质量上乘的、令人愉快的讲座，很少会出现失误。就算出现问题，培训经理也可以一脸惊讶地对抱怨的人说："你还想怎样？他可是被强烈推荐来的，而且他拥有那么丰富的经验，谁能想到他会办砸了啊！"

就像开头的那个采购经理，为了不被解雇，他宁愿从IBM采购电脑……

现在，回到我的那位客户身上，在知道自己被拒的原因后，他有两个选择：

一是退出。作为一个小企业,他没有与大企业竞争的资本,最好关掉自己的公司。

二是将游戏进行到底!虽然他基本不可能成为第二个IBM,但他可以成为最好的自己,可以在客户心中塑造自己的品牌形象,让客户知道他也有过成功的经验,有过"傲人的成绩",有过对他十分满意的客户,自己在这行做过许多年,等等。不仅如此,他还得说服客户"冒险"与他合作。以上这些被称为"社会认同",我将在第10章中详细阐述。

因此,如果你想达成交易,又不太熟悉市场或客户,就必须想办法加强客户与你合作的信心,这样才能最大限度地避免后续合作中出现问题,也能化解他们因与你合作可能带来的风险,打消他们被解雇的顾虑。

当时间管理顾问迟到,会发生什么

2003年参加的一场关于时间管理的讲座,令我至今记忆犹新——讲师本人居然迟到了……想象一下当时的情况:几十个人坐在教室里，面面相觑，等着一个本应在9点开始讲课的讲师。

终于，在9点10分的时候，讲师气喘吁吁地跑了进来。他准备了几分钟，然后开始讲课（那时已经晚了15分钟），说："实在不好意思，路上堵车了，我出门的时候没有考虑到……现在，我来教你们如何合理地管理时间……"

当然，从迟到的那一刻起，他说什么都没用了，因为他已经失去了听众，也不再是听众心中的权威。

听众对专家的期望，是他们能把自己的理论运用到实践中，做到言出必行。所以，如果他想教人们如何管理时间，自己首先得准时。再如，如果有人要想举办减肥研讨会，那他自己就不应该胖；如果有人要讲授如何致富，如何在某一领域赚取数百万，那他自己就不该住在父母家里（除非有某些特殊原因）。

我在我的职业生涯中见到过太多这样的例子……

几个月前，一家知名的大公司找到我，想邀请我为销售员和经理举办一场研讨会，让我在会上向他们讲授如何提高其品牌销售额，如何为旗舰产品争取更高的价格，以及如何在客户讲出"这对我来说太贵了"之类的话时，说服客户购买。

我给出一场研讨会的报价，他们却表示太贵了，说没打算给研讨会这么高的预算,要求我降低价格。

我没有做出让步,一分钱也没降。而且,我并不准备在接下来的谈话中讨论价格的事情,只讨论他们将从研讨会中获得的价值。我说,我讲的内容非常有价值,哪怕只有少数与会者将其中的一小部分运用到实践中,他们公司的收入也能大大增加,研讨会对他们来说是一种回报颇丰的投资,而不是一种单纯的支出。

最终他们被说服,我们按我的报价达成了合作。我并不是出于自负或是"教育"他们的目的才去和他们争论,而是因为我坚信自己给出的价格完全合规、合理,坚信我的知识确实可以帮助他们提高收益。

合作敲定的那一刻,我想起了那个迟到的时间管理师。我想如果我为了尽快达成合作而降低价格并给予折扣,还怎么将自己定位为一个权威?怎么把自己定位为一个品牌销售方面的专家?这不符合逻辑,也行不通。

想让别人去做的事,首先自己要做到。想让别人听信你的教导,应用你的知识和工具,首先自己要把它们应用到实际生活中。只有这样,你身边的人才会认真对待你;你的客户才会把你奉作权威,给你远高于平均水平的报酬;你的"粉丝"和"追随者"才会持续增长,你才能打败竞争对手;也只有这样，你的孩子才会信服你的教导，将你视作榜样。

如何让你的客户觉得他是你最重要的客户（即使你有很多客户）

许多年前，一个做房地产经纪人的客户给我讲了这样一个故事：当他还是一个年轻的房地产经纪人的时候，有一天听说一位老人想卖掉自己的房子，搬到有辅助看护的养老院里去。

于是他下定决心，要竭尽全力与老人签订一份独家协议，独家代理这位老人的房子，为其寻找买家。

在接下来的两个星期里，他每天都去陪老人待几小时，喝几杯茶，听老人讲故事。老人没什么事，很开心有人来陪自己。每次离开的时候，他都会劝说老人和他签独家协议，但老人一直没同意，只是回答"明天吧，明天我就和你签"。

到了第三周，他又来了。三杯茶下肚后，老人通知他："我已经决定把房子的销售权交给另一个房地产经纪人了，也与他签署了独家协议。"

他很惊讶，问老人："为什么？过去的两个星期，每天来陪你的人可是我啊！"老人回答说："这正是问题所在。你看起来好像不是很忙，我觉得还是把房子交给一个忙于工作、有很多客户的人比较保险。"

换句话说，这位房地产经纪人确实从他自己的角度为老人提供了最好的服务，并投入了大量的时间和精力，但他越是投入精力，越是花时间在建立"友谊"上，老人就越觉得他不够专业，合作也离他越远。

那么，公司应该如何推销自己？专家该如何推销自己？权威如何得以成为权威？

第一，注意跟客户打交道的方式。第二，遵循一个叫作"奢侈品悖论"的原则，它是指一个品牌或权威机构与客户合作时应该遵循两个平行的信条或学说，这两个信条相互对立，又相互统一。

第一个信条是，顾客就是上帝；第二个信条是，前提是按你的规矩来。由于这两个信条之间存在着某种对立关系，所以称为"悖论"。

如果客户是"上帝"，那在原则上你应该毫无条件地遵循客户的想法，接受他们的条件，如他们指定的约见地点、他们提出的报价，等等。大多数企业就是这么做的，他们坚持一条并不正确的口号："客户永远是对的。"这意味着他们愿意调整他们的条款、价格和专业标准以满足客户的要求。然而，这种做法只会阻碍合作的进行，削弱公司的权威。从长远来看，这样做不仅会导致财务损失，还会导致客户质量的下降，不利于公司的业务开展。

不过不用担心，还有第二个信条：必须按你的规矩来。换句话说，只要客户加入了你的"会员俱乐部"，就能享受到极致的服务。你会履行对他的所有承诺，尽一切努力为他取得最好的结果。但为了加入你的"会员俱乐部"，客户必须遵守你制定的规矩。比如，接受你的报价、你的付款条件，在你指定的地点见面，满足你的专业要求，不给他们讨价还价的余地，也不给他们提供折扣，等等。

这些要求和条件看似不符合我们的常识，却能让你获得更多与客户达成合作的机会，让客户更加尊重你，将你视为权威。

回到房地产经纪人和老人的问题上。我在商业领域的一个重要指导原则是：让你的客户知道你还有很多其他的客户，同时也不能让他们觉得你忙不过来。前者是因为：如果客户觉得他们是你唯一的或第一个客户，或者他们觉得你几乎没有客户，这是很不利的。在这种情况下，你们达成交易的概率就会下降。

后者是因为：如果客户觉得你有很多客户，每天都很忙，他们就会认为你没有足够的时间留给他们，没空接他们的电话，没空准备和他们的会议。他们甚至会认为你可能会在会议期间给其他客户打电话。他们想要的是个性化服务，被赞赏，被当作"名人"对待的感觉。

所以，该怎么解决呢？你如何在与客户的相处中应用"奢侈品悖论"？如何在与客户打交道的过程中找到"折中方法"？如何提升客户与你合作的意愿？

关键在于平衡——不要太忙，但也别太有空。

当与客户见面或交谈时，要给予他们充分的关注，会面前做好充足的准备，表达自己的诚意，记住他们上次会面说的话。在会面期间，让他们感觉到你最想处理的事就是他们的事，你非常愿意跟他们打交道，直到会面结束。

把这个客户服务好了之后，你再把全部精力投入下一个客户身上，给他们完全相同的感觉。

你需要为你的客户设定"界限"，在界限内给予他们最优质的服务和最大的关注。这样，随着时间的推移，你将能收获一批忠诚的客户，且这个群体会越来越大。

这位年轻的房地产经纪人并没有为那位老人设定界限，

他没有明确表示他的时间是宝贵的,也没有告诉老人其实他还有很多其他的事情要忙,有其他的客户要接待。他只是一次又一次到老人家里来,哪怕还没签合同。

所以,尽管付出了很多努力,最终他还是失去合作机会,流失了客户,还被老人冒犯到了。

"少付出",不过这一点要谨慎为之,以适当的方式向客户展示自己的品牌,你会看到更好的结果。

管家向我发来报价的那一天

几年前,我搬到了同社区的一个更大的公寓里。大家都知道,搬家不仅要花不少钱,还有不少琐事。除此之外,我还要跟供应商和各种商人谈判。

当时,我需要对房子进行小规模的装修(抹灰、刷漆等),并在搬过来之前进行彻底清理(包括组装和安装一些东西)。

我是一个做事有条理的人(至少我这么觉得),所以在搬家的前几个月就把要做的事情列了一个清单。清单一开始就很长，且随着时间的推移变得越来越长。清单上的事项乍看起来繁杂琐碎，实际开展起来却很快，如改收货地址之类的，这有点出乎我的意料。也有一些看似相对简单的工作，实际却很复杂，如找管家、装修公司和搬家公司，等等。

为了找到合适的人，我做了一个市场调研，给一些工匠打了电话。有些是我本来就认识的，有些是朋友推荐的，还有些是在网上找的。我惊讶地发现，他们都有着一些相同点：

A. 他们大都拒绝在电话中给我报价，而是要在看过房子之后，连管家都是如此。也有些人同意我从各个角度拍一些房子的照片和视频发给他们，之后再开展下一阶段的工作。

B. 给我一份书面报价。

C. 我发现他们所有人的报价都比我预想的要高，我的预算并没有这么多，其中一些报价高得远远超出我的想象。起初我十分惊讶，然后重新进行了估价，提高了预算。然而在这个过程中，我渐渐从惊讶转变为了高兴。

尽管与这些人打交道所花费的时间、精力和金钱比我想象的要多得多，他们的做法也增加了我们合作的难度，但我还是很高兴能看到：

第一，他们将自己视为专家（包括管家），并据此为自已定价。

第二,以清晰有序的方式工作。一切程序都以书面形式推进,一切流程都条理清晰,而且预期的工作也安排得十分合理。

第三,他们会为客户进行"试镜"。他们并不是什么客户都接,也不是什么价格都接受。

为什么我会对此感到高兴?因为这正是我多年来一直向客户所宣扬的内容。

如果你想取得可持续的成功,就必须从专业、商业和个人的角度正确地和客户打交道——把自己打造成一个专家,尊重自己作为专家的专业性;必须知道如何为你的产品和服务争取更高的价格;必须自己决定与哪些客户合作,不与哪些客户合作;明白如何有条不紊地工作。这就是"做生意"和"打工"的区别。

这是能让所有人都受益的方法,包括你的客户。从短期来看,这些事是有些复杂、烦人的,甚至会让我花更多钱。但从长远来看,所有的条款对我来说都是合理的,没有额外的费用,还能保证准时完成工作。

把自己打造成客户眼中的专家,对你们双方都有好处。这就是典型的"双赢"思维。

为什么顶级厨师从不害怕公布他们的食谱

2004年，我出版了我的第一本书《说服并影响听众》（*Persuade and Influence any Audience*），内容主要基于我之前做过的公共演讲和撰写过的辩论稿。

那本书一经上市，我立马收到了来自四面八方的关于"授权"的说法。其中有些话总是被反复提及："你为什么要透露你所有的技巧和秘密？你为什么要在书中写你所有的演讲？你这是在损害自己的利益，人们看过了你的书，还会来听你的讲座吗？"此外，我还收到了诸如"你从书中赚不到钱""谁会读你的书呢？"以及许多其他"固有思维"的反馈。

几年后，我在与一位顶级厨师谈话时又想起了那些话。当时这位厨师正在参加我的一个项目，她对我说："你知道为什么名厨会在烹饪书、报纸、烹饪节目和电视上公布他们的食谱吗？他们为什么不怕竞争对手抄袭呢？为什么他们不担心大家照着菜谱在家里做他们的特色菜，然后不去他们的餐馆呢？这是因为，他们从来不会透露所有的事情！"

"虽然在他们公布的菜谱中，做法和用料都被记录得很详细，但他们是绝对不会完全透露真正的'秘密配方'的，虽然这部分秘密配方只占总食谱的2%~5%。"她给我举了一个经常出现在食谱中的例子：根据个人口味，适量添加盐/油/糖。

"适量"是多少？只有厨师自己才知道，这是他们多年的经验所得。如果你在家里做同一道菜，可能就没那么好吃了。

我同意厨师的观点，因为我一直声称，你教得再好，也教不出第二个你，每个人都是独一无二的。

厨师们知道，为了树立权威，他们必须传播自己的知识，必须在电视节目中、报纸文章中、社交媒体上、讲座上"泄露"些什么。他们并不害怕被抄袭，因为他们对自己的经验和专业知识有十足的把握。而且他们知道，不管客户或竞争对手如何抄袭他们的菜肴，都不可能完全成功。因此，厨师们经常上节目，积极创新，往往能保持相对的优势。

这一点我深有体会。根据我的经验来看，即使人们通过读我的书得到了我所有的知识，他们仍然会来听我的讲座。因为去参加讲座、研讨会或会议的重要性、意义和目的远远超过知识本身，这和去在报纸上公开过菜谱的餐厅吃饭一个道理。在线下，人们能够获取经验与知识网络，可以与讲师本人见面、认识新朋友，还可以享受茶点、感受幽默的氛围。这可能才是他们参加线下活动的主要原因。

即使人们真的知道了你所知道的一切（虽然他们永远

都不会知道），他们还是会基于上述原因去见你——在办公室、治疗室、餐厅、会议厅或其他任何地方。

你要站在舞台的中央，不要害怕在任何可能的平台上分享你最好的知识——讲座、传统媒体及数字媒体，如博客、油管、自媒体等（我将在本书的第4章中阐述为何要站在舞台中央）。

当你在分享知识时，会让听众产生"想了解更多"的感觉——无论是谁，想看你的视频、想跟你学习，都必须直接联系你，来参加你的线下活动，或去你的办公室见你。

记住：你是独一无二的，没有人能取代你。

每个专家、导师及权威人士都有自己独特的观点和生活经验，大家认可你，就会想办法找到你并寻求合作。

我说了什么，让数百人一下子离开了我的讲座

几年前，我举办了一次线上研讨会。这种研讨会相当于一场免费的讲座，形式就是听众坐在电脑前，听我在屏幕的

另一端传授知识。研讨会原定于晚上9点开始，10点30分结束，不巧的是，那天刚好有两个收视率很高的节目在同时段播出：一场足球半决赛和一个真人秀节目的最后一期。

本来这场巧合完全是可以避免的，但由于我没有提前查看节目指南，导致研讨会与那两个节目的时间冲突了。尽管竞争很"激烈"，我们仍然"聚集"在一起举行网络研讨会，一端是我，另一端还有数百人。我想以感谢听众作为研讨会的开始，所以便说：

"大家好，我是亚尼夫·柴德。首先，我想感谢你们所有人参加这次网络研讨会，这表明了你们为自己投资的意愿，这一点很重要；其次，你们能选择听我说，而不是去看半决赛，这一点也很重要……"

（电脑屏幕的右侧是用户在线情况，我可以看到实时的在线人数。当我说出"半决赛"这三个字的时候，在线人数在几秒钟内就减少了100！一开始我并没有注意到这一点，还在继续往下说。）

"再者，你们能选择听我说，而不是去看××真人秀节目的最后一期……"

（突然，又100多名听众离开了！我只播了1分钟，人就走了2/3！这时我才意识到自己的错误，立即把话题转到了讲座的内容上。）

怎么会这样？我犯了什么错误？很简单：我提到了我的竞争对手！

也就是说，我把舞台让给了我的竞争对手。在这种情况下，我的网络研讨会对大部分听众来说，都只是那些高收视率节目的替代品而已。后来我才知道，大多数听众并不是经过深思熟虑后选择参加我的研讨会的，他们可能只是在哪儿听说过我，又偶然得知我要开这么个线上研讨会，于是就来观看了。他们和我一样，并没有去查看节目指南，不知道同一时段有什么节目在播出。

但当我把竞争对手的节目告诉我的听众时——我为自己创造了竞争！

从这个故事中我们可以学到什么？

在销售会议上或向客户转达信息时，千万不要直接谈及竞争对手！这一点非常重要。

你绝不能让你的客户从你口中听到你的竞争对手。

我曾多次听到做生意的人对他们的客户说："我是A，我比B和C好！"然后客户一脸迷惑地问："谁是B？谁是C？"

这样一来，哪怕这个客户原本打算与你合作，也会再考虑一下，因为现在他多了两个选择——B和C！你想阻止客户接近竞争对手,却阴差阳错地把客户送给了竞争对手。

你应该怎么做?

多谈你自己,多宣传你的服务,告诉客户你能为他们提供什么价值,介绍你的相对优势。你可以谈一谈你所在的行业,但不要提及具体的竞争对手。

如果当时我说的是:"感谢大家肯花时间来听我的研讨会,而不是去看别的电视节目。"可能就不会出现任何问题,听众也不会离开了。

为什么你应该致力成为"华尔街之狼"

2014年1月,我看了莱昂纳多·迪卡普里奥主演的大片《华尔街之狼》,一个根据自传改编的真实故事,讲述了乔丹·贝尔福特的故事。乔丹·贝尔福特是20世纪90年代初华尔街上一个年轻的、雄心勃勃的股票经纪人。他渴望成功,也迅速成立了一家公司并大获成功。那时的他拥有数百名员工,卖出数亿美元的股票,但出售的股票几乎全都是不值钱的"仙股",欺骗了许多无辜的人。不管是富人还是穷人都遭到了他们的欺骗,乔丹等人也因此违反了美国证券交易委员会(United States Securities and Exchange Commission, SEC)的法律,犯下一系列刑事罪。

除了感叹电影的精彩之外,我还被《华尔街之狼》这部影片中的营销和说服方法深深吸引了。

在你反驳我之前我想先说:我憎恨谎言,强烈反对违反法律的行为,厌恶华尔街人在电影中表现出来的不道德行为,如参与贩毒、开脱衣舞厅和对他人进行羞辱。但在观影过程中,有一个想法一直在我脑海里回荡。

我在想,排除影片中那些违法的事,如果不是电影中的人,而是现实中的人去做这些"狼"所做的事情,售卖真实的、合法的产品,会怎么样呢?我想,结果一定是大获成功!因为迪卡普里奥在电影中所做的一切(以及贝尔福特在现实生活中所做的一切)都堪称天才所为。他的销售和说服技巧、鼓舞员工士气的方式、招募员工并教他们销售技巧的方式,真的非常优秀。

你可以从他身上学到很多东西!不过你不能学这些"狼"去售卖那些带有欺骗性质的、不存在的商品。我们不妨想象他销售的是完全合法的商品,是能给客户带来价值的商品。那么，他的商业模式就是一套完全成功的、可盈利的商业模式，足以成为可借鉴的模板。

我想说的是：你可以向任何人学习。没错，任何人。你可能不相信一些人，不相信他们产品的质量，甚至觉得他们和你毫不相干，但你仍然可以从他们身上学习一些东西。你所要做的就是忽略他们的产品或服务，只专注于他们为何能做得如此之好。

如何在零工经济中取得真正的成功

欢迎来到"零工经济"领域。零工经济，它是"共享经济"的一部分，大体上是说：人们可以通过优步（Uber，乘车服务）、易集（Etsy，手工艺品）、爱彼迎（Airbnb，房间出租）等平台，向他人直接出售商品和服务。通过这种形式，人们可以绕过大公司、政府机构和公共体制等中间商，直接交易。这也就意味着，人们可以不必再使用公共交通，不必与大型商超合作，不必以高价入住酒店，等等。

从表面上看，共享经济是一个伟大的想法。因为在这种模式下，每个人都可以向任何人出售任何东西，每个人都能自己当老板。

我们都有无形资产，如开车时的空座位、家里的空房间、之前学过的知识，等等。共享经济能帮助我们把无形资产变成有形资产，将它们转化为金钱，改善我们的经济状况。

我对共享经济持赞成的态度，对零工经济持消极的看法，因为它只是共享经济的副产品而已。这种经济形式会催生一大批零工，这些零工只能靠做几种平行的工作（又称"微型工作"）为生。

例如，有的人在早上是优步司机（任何有车的人都可以），下午为人们安装家具，晚上通过爱彼迎出租家里的房间，在自己家里接待游客。

从表面上看，这是梦幻般的创业精神，人们可以从几个不同的工作中谋生，分散风险，没有人可以解雇他们，他们过着自由而快乐的生活。其缺点在于：尽管共享经济从业者都是自由职业者（他们没有社会福利），能做到"我的生活我做主"，但他们仍然需要通过大型平台与他人建立联系。

很多人对零工经济持批评的态度。有人提到，平台才是零工经济的实际操控者，零工们只是某种为平台打工的"机器人"，是实际意义上的"雇员"，而且还没有福利。举几个例子：尽管优步司机是自由职业者，但他们的收费标准是由优步制定的；艺术家可以在易集上出售他们的手工艺品，但其排名是由易集决定的。易集制定平台的规则，规定工作流程，如果卖家做了任何平台不认可的事，平台可以随时封禁卖家账户。

我感兴趣的是零工经济的一个更大的缺点：零工经济领域的从业者很难做到高精尖。

如果你同时做几件事，靠不同的工作谋生，那你就既没有时间，也没有机会和精力来专注于一件事，更没有时间与平台建立长期关系（尽管它们实际上为你提供了生计来源）。而且一旦你做了让平台不高兴的事，它可以让你在瞬间失去一切。比如，把你从排行榜的第二页移到第五十页，这种做法会把你和搜索相关产品的消费者强制剥离。

事实上，零工经济和专家行业是两个互相矛盾的领域。专家拥有自己的知识网络，有自己独特性的专业知识，这种独特性可以将专家与普通人区别开来，是防止自己被他人取代的利器。零工的情况则完全不同，他们可能会在任何时候被任何人取代。

如果你是一个专家，那你所处的市场就是"价值市场"。处在这个市场中的人，个人价值很高，很容易收取高价。但如果你是一个零工，你所处的市场便是"价格市场"，在这个市场中，由谁来提供服务并不重要，客户考虑的主要是价格。如果你是一个专家，你可以集中精力，提前规划，评估你将来会赚多少钱，然后收取高价。但如果你是一个零工，就很难，甚至不可能提前规划时间和收入，你会发现自己一直奔波在寻找下一份工作或客户的路上。

我的选择是专家——建议我的客户把自己打造成专家。这和你身处哪个领域、销售什么产品和从事什么服务都不相干，重要的是，你能在一个领域中做到精益求精，成为业内泰斗，而不是把自己的精力分散到许多领域中。

为什么明星有时很乐意和粉丝合照

每次去看篮球比赛，我都喜欢看下面的这一幕：在比赛开始前的半小时左右，球员们会来到球场上热身。此时，坐在前排的粉丝们就会要求与球员合照。

大多数情况下，球员们都会同意，名气越大的球员越愿意和粉丝自拍。篮球明星最愿意（即使他们可能在比赛前更忙、更紧张）和球迷一起拍照。

自拍现象已经变得如此普遍，我们几乎没有时间停下来问自己：那些社会名流，包括名人、模特、明星、演员或歌手，为什么会愿意拍这些没有回报的照片？那些办讲座的讲师、企业家或公司老板，又为什么会愿意跟客户或参会者合影？

最常见的理由是：拒绝别人的请求是不礼貌的，会伤害他们的自尊心（人家只是想和你拍张照而已），毕竟只需要几秒钟，而且不花任何人的钱，除这个最常见的理由之外，还有另一个理由——营销。

在过去的10年中，客户在演出、讲座、比赛或会议结束时与主角合影，已经成了人们的共识。主角愿意合影是因为合影可以给他们带来卓有成效的"病毒式营销"（又称"口碑"营销）。

那些粉丝或客户经常把这些照片发在脸书、Ins、抖音或其他年轻人使用的社交平台上，他们的朋友看到明星们在最佳状态时拍的照片，便会纷纷转发。

如此一来，明星便得到了几十、几百、几千甚至几万个"宣传大使"（数量取决于拍摄者的好友数量）。这些"宣传大使"在茶余饭后谈论明星，他们做这些完全是出于自愿，即使没有人为他们付费。

名人、企业家和商人会在市场营销、销售、公关、网站推广和社交媒体上花费大量的营销资金。合照就是一种免费的"营销漏斗"，通过合照，你可以不费吹灰之力在网上吸引大量的粉丝，增加流量，间接创造大量付费客户。

人们对你的印象越好，越愿意在你这里消费。如果有人向你索取额外的福利，而你又微笑着回应了他们，他们就会更多地谈论你，免费为你宣传。

病毒式营销也可能会起到负面的作用（这一点我会在第8章中详细说明）。几年前，我去参加一个书展，还邀请了一位同事和我一起参加出版商举办的幕后活动。我在活动中的主要工作是为自己的书签名。

当时站在我旁边的是一位非常有名的作家。我的同事看到他非常兴奋，声称自己是他的忠实粉丝，买过他所有的书。于是我的同事走到这位作家面前，微笑着要求与他合影，他却皱着眉头拒绝了她。

直到今天，我的这位被冒犯到的同事还对这件事耿耿于怀。这对那位作家来说是负面的宣传，所以他的新书在几年后再发行时，我的同事没有买。

你可能会问："他在那件事中的反应和他的书有什么关系吗？你的同事喜欢的是他的书，又不是他的人。"确实是，但那是过去式了。现在我的同事已经不会再买，也不会再读他的书了，因为他当时的行为深深冒犯到了她。我们无法评判那个作家行为的好坏，但结果确实这样了。

现在，让我们回到篮球赛上。如果可以的话，我想让这个问题变得更复杂一点：我们都知道，卖产品的企业家、卖讲座的讲师、卖书的作家、卖演出门票的演员/歌手之所以会对客户好，为客户提供良好的服务，原因很明显——为了增加粉丝和客户量，增加自己的销售额以及收益。但是，一个由球队支付薪水的篮球运动员为什么要对球迷友善并与他们合照呢，更重要的是，有时还是在比赛前那种紧要的关头？

答案是：建设个人品牌。在我们这个时代，受薪员工也需要打造自己的品牌。他们需要建立自己的"客户社群"，提升自己的个人价值。在第5章中，我将详细谈谈如何建立一个由你的追随者和客户组成的社群。

想要成功，不能只靠天赋或努力，你还必须推销自己。

球队支付给他们球员的薪资，不仅基于他们比赛时的表现，还基于他们在球场外的表现。比如，他们能不能吸引球迷多买几张票，俱乐部能出售多少件带有他们名字和号码的球衣、帽子或其他周边，他们在球迷中的受欢迎程度，以及他们在球场外的行为，等等。

体育领域的巨星，都明白建立粉丝社群的重要性。因此，他们会不惜重金打造个人品牌及社交网络。虽然他们的工资不是由粉丝发的，但确实跟他们社交媒体上的粉丝量有很大关系。

如何防止你的客户跳过你，去做本该你做的工作

想象下面的情景：一个房地产经纪人正在与一个有购房意向的客户见面，介绍着自己代理的房产（虽然不是独家代理）。第一次在楼外见面，房地产经纪人就对客户说："苏珊·刘易斯住在这栋公寓的三楼，她想出手自己的公寓。"

这可能会带来两种结果。

结果1：客户说："苏珊？那太好了。我认识她，30年前我俩是同学，我自己联系她吧，谢谢你了。"

结果2：客户说："不认识，但我不喜欢这公寓。"然后

他没看房，直接走了。然而，第二天早上他却敲开了苏珊家的门，直接和她交谈了起来。

在接下来的一个月里，客户和苏珊见面、打电话、商谈细节，最终达成交易。房地产经纪人偶然听说了这件事，给客户打电话问："我的佣金呢？"客户说："什么？什么佣金？你什么都没做！是我自己和卖家完成了交易。"

这两种结果的共同之处是，客户为了节省佣金而跳过房地产经纪人，自己完成了（至少尝试了）所有的工作，没有依赖专业人士的帮助，对交易中最重要的一环——房地产经纪人的知识——不屑一顾。

为了挖掘苏珊这个卖家，也为了熟悉公寓的情况并从专业角度给出估价，房地产经纪人投入大量的时间和精力来了解附近的情况，进入各种数据库查看楼房信息，核对附近已经成交的交易，等等。

经纪人手中最重要的信息便是自己的专业知识，尤其是那些关于交易细节的知识。但是，一旦在没有签协议的情况下"白送"自己的知识，这些知识就会被公之于众，客户也会对此不屑一顾。

继续以这位房产经纪人为例。他应该以专业的方式行事，在与卖家见面之前，与想要购房的客户签署一份代理协议。他可以和客户约在街角见面，签署协议，然后一起前往楼盘。之所以约在街角，是为了防止客户看到楼盘上的"出售"字样之后自己给卖家打电话。除此之外，他还可以与苏珊（卖家）也签订一份独家协议。这样，即使客户私下里直接找苏珊，他也能控制交易的进行。还有更多方法，但所有方法的最终目的都是保护房地产经纪人最昂贵的"产品"——他费尽心思积累的、独家而具体的知识。

在这个充斥着专家产业和市场权威的世界里，我们都在出售知识，受薪员工和自由职业者，销售电视、杂货和公寓等实物商品的人，以及那些销售顾问、银行家和保险经纪人，无一不在销售知识。从我多年的经验来看，将知识作为商品出售面临着一系列棘手的问题。

人们去朋友或同事开的杂货店消费，会不付钱就走吗？

大概率不会。但是如果能拿走的是技巧、商业知识、人脉、建议和想法这些东西，人们就会觉得不拿白不拿，这就是"榨取"。人们会去榨取别人的服务、专家的知识，榨取尽可能多的免费信息，然后觉得这种感觉真的太棒了。

当今时代，大多数人交易的商品是他们的知识。专家、企业家、厨师、律师、保险经纪人、指挥官、高级经理、顾问、讲师、房地产经纪人、水管工等，他们价值的高低都是以他们独特的知识（或他们商品的价值）作为标准来衡量的。

这就是为什么在任何情况下我们都不能免费把知识送给别人。

当然，如果你想免费"走漏"一点知识也不是不行。你可以用剪辑、通信、帖子、媒体采访、电子指南、菜谱、提示等形式来实现。但前提是，你必须保证这是你的商业模式的一部分，保证这些免费的知识是为了唤起人们对更多知识的渴望，保证你的客户会继续为你的知识付费。

作为专家，你的商品是你的时间和知识，不要轻易把它们送给别人。

雇主在招聘时首先考虑的是什么

2013年初，我去加州参加会议。一天晚上，我约见了一个住在硅谷的好朋友，他当时正在找工作。多年来，他一直密切关注着我几乎所有的事情。所以一开始，他便要求我向他介绍我所在的专家行业是如何运作的。

我解释道:"简而言之,这个行业的人需要在自己的专业领域打造自己的品牌,营销自己。相对来说,我们在自己的专业领域比大多数人更有优势,如果我们的专业领域不是传统行业,而属于谋生技能的范畴,就更容易取得成功。"他应该是第一次听这些东西,所以听得非常认真。

谋生技能对我们人类来说非常重要。比如,如何取得商业上的成功,如何在我们的生活中创造财富,如何寻找爱情,如何建立良好的人际关系,如何过上健康稳定的生活,如何拥有健康的身体,等等。它们的共同点就是不会具体地出现在我们"正式"的教育体系中。幼儿园不教,中小学和大学也不教。而正式教育体系的空缺,让专家行业有了用武之地。

后来,我问他找工作的情况如何(对于一个不到40岁的人来说,他的简历和经验令人印象非常深刻)。我本以为会听到关于工作面试、电话、发邮件之类的事,但是没有。他的回答令我非常震惊:"我已经发表了一些文章,也准备好了自己的博客,现在正在建设自己的网站。"

"你说什么?"我惊讶地问,"你不是做雇员吗?为什么要建立博客和网站?"

他解释说,如今的市场竞争太过激烈,一旦出现好的职位，人们便会"蜂拥而上"。所以，光靠一份简历得不到最好的结果，必须多准备一些东西。他告诉我，求职者首先要明确自己的专业领域是什么，然后创建一种"职业名片"，用来描述自己迄今为止在专业领域内的成绩，以便在一众竞争者中脱颖而出。

他继续说，除此之外，求职者还必须创建自己的博客和网站，分享所在领域的信息，撰写文章和帖子，剖析领域内的市场情况，并将其发表在知名度较高的报纸、期刊以及行业内的专业网站上，同时要回应他人写的文章，发表专业意见……而不是发一份干巴巴的简历，自己放在网站、博客和出版物上的链接也可以作为简历的补充。只有这样，他才能成为所在行业内的"意见领袖"。

在硅谷，雇主收到你的工作申请后做的第一件事，就是上网收集你的资料，通过这些资料探探你的虚实。只有你的信息让他们满意并引起他们的兴趣时，他们才会邀请你参加工作面试。

"你刚才描述的正是我们在专家行业中做的工作！"我对他说，"你所说的一切都意味着你正在迈入专家行业！"

我心想，专家行业如今也进入了求职者的市场，人人都得为自己贴上"专业""与众不同""品牌"等标签，打造自己的虚拟身份，而那些还在只发简历的人，仍然生活在20世纪，很难在今天竞争激烈的市场上站稳脚跟。

关键知识点

将自己打造成所在行业的专家：

- 想要留住新客户，就必须增强他们与你合作的信心。
- 想让别人做什么，自己要先做到。人们希望专家在生活中应用自己讲过的知识，希望他们能够言出必行。
- 品牌依据"奢侈品悖论"运作。它包含两个平行的信条，二者相互补充也相互矛盾。第一个信条是顾客就是上帝，第二个信条是必须按你的规矩来。
- 让客户知道你有很多客户，这非常重要，但不要让他觉得你忙不过来。别太忙，也别太闲，关键在于平衡。
- 为你的客户设定界限，在界限内给予他们最优质的服务。
- 一个专家要自己决定与哪些客户合作，不与哪些客户合作。
- 没有人可以完美地复制或模仿你，每个人都是独一无二的。只要你积极、创新、多在公众面前露脸，就能保持相对的优势。
- 站在舞台的中央，不要害怕在任何可能的平台上分享你的知识，但也要有所保留，让客户产生"想了解更多"的感觉。
- 在销售会议上或向客户转达信息时，永远不要直接谈及竞争对手！多谈论你自己，你能为客户提供什么价值；多宣传你的活动与产品；多展现你的优势。
- 你可以向任何人学习，关注他们为什么做得这么好。
- 如果你是专家，拥有自己的独家秘诀，没有人可以取代你。
- 如果你是专家，那么你所处的是价值市场，这个市场中的人，个人价值很高，很容易获得高价。
- 对你有好感的人会有更强的购买意愿。
- 如果有人向你索取额外的福利，你又微笑地做出了积极的回应，他就会经常谈论你的好，愿意免费为你宣传。
- 受薪员工也要打造自己的品牌，建立由客户或粉丝组成的社群，只有这样才能在现在或未来从容地开展工作，提升个人价值。
- 专家出售的商品是他们的知识。
- 你要为自己贴上"专业""与众不同""品牌"等标签，打造自己的虚拟身份。

03

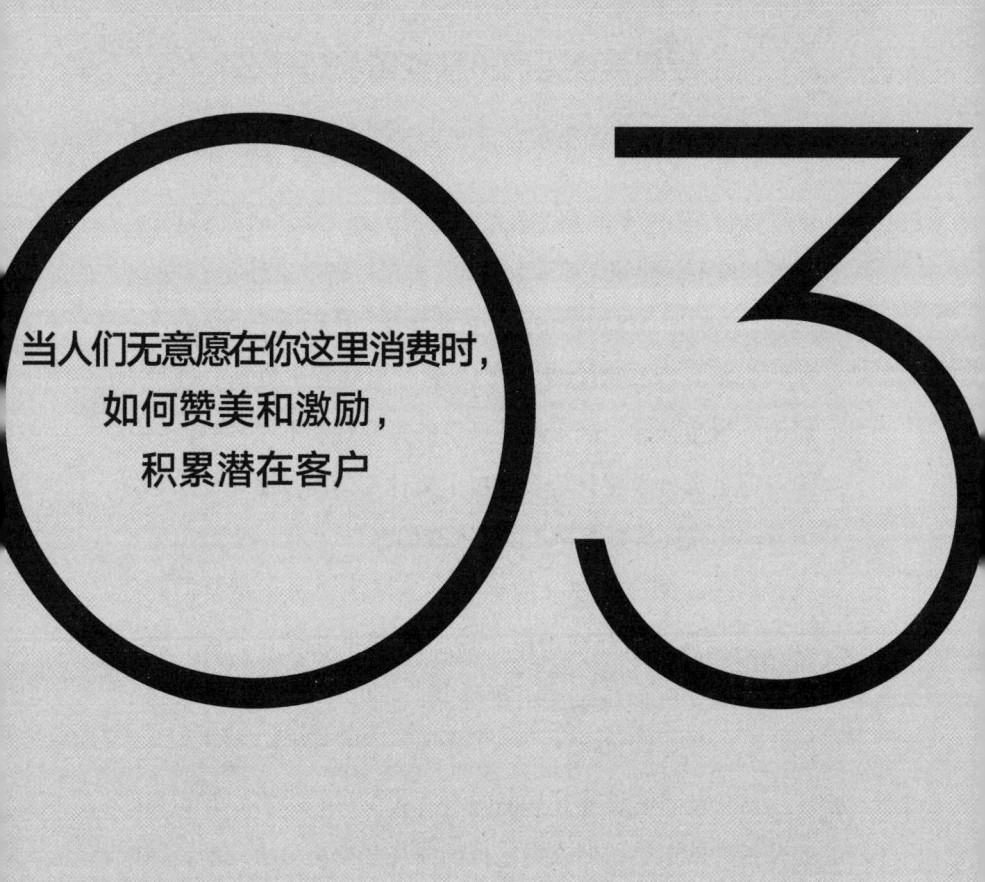

当人们无意愿在你这里消费时，
如何赞美和激励，
积累潜在客户

最能促使人们接种疫苗的是什么

20世纪60年代,研究人员霍华德·莱文塔尔研究了恐惧在多大程度上能促使人们采取行动。他给一群学生分发了一些小册子,上面记录了接种疫苗的重要性和不接种疫苗的风险。

一个月后,他发现只有3%的学生接种了疫苗。读过小册子的学生都意识到了接种疫苗的重要性和不接种疫苗的风险,但是部分学生只是表现出了接种疫苗的意愿,却没有付诸行动(我称这类人为"作壁上观的客户")。

后来,莱文塔尔又向这些学生详细说明了疫苗的接种流程,包括如何前往诊所、诊所的营业时间等。这一次,研究取得了突破性进展。接种疫苗者的比例从3%增长到了33%——增长了1000%!

这个故事对你有什么启发?它说明尽管恐惧、知识和欲望是强大的引擎,但人们的行动往往是由小事决定的。如果你想促使人们做某件事,就得让他们明白做这件事是轻而易举的,这样他们才会采取行动。

最近几年,我遇到过很多人,当我和他们要联系方式时,他们会告诉我:"我没带名片,你去谷歌搜索一下就能得到我的所有信息。"

我想说（对你，不是对他们）：省省吧，大多数人不会搜索你。

这件事太复杂了，当我打开电脑的时候，可能连你的全名都忘了。就算我再想和你保持联系，可能也会放弃，除非我可以在1分钟内查到你的信息。因为我很忙，"我不喜欢这种方式""我没时间"。

为什么不在参加活动的时候随身带张名片呢？哪怕是给我一些具体的信息也行。

还有个例子：一项关于互联网注册的研究表明，如果注册按钮下面仅写着"关于会议的更多详情"，点击率就会很低；如果写的是"会议详情，请点击这里"，点击率会有一些明显的提高；如果写的是"点击这里，立即获取会议详情"，点击率就会大幅提高。为什么会这样？我们只是向人们解释了我们对他们的期望，以及他们应该做什么而已。

其实，之前他们不点进去看，并不是因为他们愚蠢或懒惰，也不是因为他们觉得我们不重要。

只是因为……"我刚才收到了一条Outlook信息，所以就把网页关了……""我妻子刚刚给我打了个电话，所以就没点进去看……""我刚想起来后天还有场考试，所以就去学习了……"

生活就是这样，有时候你控制不了。

莱文塔尔实验中的那些学生确实很想去打疫苗，也知道不打疫苗的后果是什么。但是……他们刚刚经历了一场考试……他们刚和对象分手……

所以，你明白了吗？

为什么在活动中提供茶点如此重要

几年前，我做了一次广泛的客户调研：为什么报名参加我的研讨会和讲座？对我来说，了解客户购买我的产品和服务的原因很重要。我当时收到了五花八门的答案，其中一些还挺有意思的，但有一个答案我记得特别清楚：茶点。也就是说，他们去参加我的研讨会和讲座，居然是为了茶点。

一开始这个答案让我很吃惊。后来我接触到一项研究，心中的疑虑便被打消了。这项研究提道：在进行活动宣传时，如果主办方有食物供应，那么转化率（所有接触到活动信息的人报名参加活动的实际比例）会增加20%。换句话说，如果主办方承诺提供食物，参加活动的人数就会增加。

他们并不是真的为了食物而来的，那为什么如此看重茶点呢？

有三个原因：

第一，投资原则。如果有人给我投资（人们喜欢被投资、被迎合），并为我准备食物，那么无论他准备的是简单的茶点还是丰盛的正餐，我都会有更强烈的意愿去报名。

第二，食物供应会增加人们出席线下活动的意愿。比如，我的研讨会定于晚5点至晚9点举行，席间若没有茶点，潜在客户必须先在家里吃点东西才能来。但当他们待在家中，看到电视、妻子、孩子……他们可能当天就不想再出家门了，也就不会再来研讨会了。然而，如果客户知道有一顿简单的晚餐在等着他们，可能就会计划在下班后直接去参加研讨会。这样，我就不会因为一些外部干扰因素而失去这些客户。

第三，人们在吃饱的时候会更加警觉和专注。斯坦福大学的三位研究人员曾进行过一项研究，内容是考察假释委员会的决策情况。委员会的工作内容是负责审查罪犯提交的提前假释的申请。从上午到下午，很长的一段时间里，他们都要进行审查工作，每天的工作时间被分为三个部分，中间有两次吃饭、休息时间。研究人员对委员会的决定进行分析后，发现了一个有趣的事实：当委员会成员吃过饭且精神饱满时，会更倾向于释放他们正在审查的囚犯或拘留人员（也就是涉及早上的第一个案子、第一次饭后的案子、第二次饭后的案子的人员）。但在饥饿时，他们就会优柔寡断、拖拖拉拉，更倾向于把犯人留在监狱。

换句话说，想让人们走出"舒适区"，做出思考和行动，必须先填饱他们的肚子……

这对你来说意味着什么？

第一，如果你在监狱里看到这篇文章，那么当你提交自己的假释申请时，可以请委员会早上第一个审你的案子（吃饭休息后第一个审也行）。

第二，要好好招待你的客户，给他们提供食物和饮料——这将为你带来巨大的回报。

我将在第9章中再次讨论食物和饮料的问题。

结论：人在吃饱时吸收知识的效果是最好的。所以，只有当你的客户吃饱了，他们才更有可能走出"舒适区"。

为什么即使是免费的东西，也必须卖出去

2013年10月，我在法兰克福参加一场为期五天的国际书展。其间，所有的出版商、作者和图书代理商都把他们最好的书带去了，在各自的展区展示，以便出售和购买版权，并签署发行与出版协议。

前三天的受众以商业客户为主，不对公众开放。后两天对公众开放，恰逢周末，展会招徕了数十万人参观。

这时出现了一个有趣的现象：在最后的这两天里（主要是最后一天），大多数出版商和代理商都离开书展，回到了各自的国家。因为他们不想费力搬书，就把书原封不动地留在了展馆里，并附上一张字条："任何人可以拿走自己喜欢的书。"

是的，你没听错，留下的书是免费给大家的。你可以带一个手提箱去，用畅销书把它装满，但真实的情况可能出乎你的意料——几乎没有人这么做。

我惊讶地看着满是优秀书籍的展馆被冷落，没有人前来取书。我想起多年来我一直教给客户的一个重要原则：即使是免费的东西，也必须卖出去。

假设我想邀请一位朋友或同事作为嘉宾来参加我的讲

座。如果我只是简单地说（很多人就是这么做的）"我的讲座非常不错，你应该来参加一下"，可能会出现两种结果。

第一种：不来参加（即使讲座是免费的），这占90%的可能。因为我没有跟他解释清楚讲座对他有什么好处。

第二种：来参加，这占10%的可能。来参加讲座只是为了"讨好"我，算是"帮我个忙"。也就是说，虽然他来听了讲座，但在他看来，是为了帮我"填满座位"的，目的在于支持我。

第二种结果对我来说没有好处。因为他来参加讲座是不情愿的，还会将这种不情愿表现出来：他会迟到早退，这学不到任何东西；他甚至可能会在讲座过程中打断其他人发言；可能还会觉得他帮了我忙，我就欠了他一个大人情……

我十分赞成你邀请战略合作伙伴和同事参加自己的活动或讲座，但前提是他们感激你的付出。

至于他们会不会感激就取决于你了。你需要向他们解释其中的好处，让他们明白来参加活动能收获什么。如果他们的出现对你来说很重要，你就需要投入时间和精力来说服他们。这就像是书展中留下的免费书，如果没有销售人员或出版商在场介绍，这些书就不太可能被拿起。因为读者不知道这些书能给他们带来什么好处。

狮子和长颈鹿被养在动物园的什么位置，依据是什么

你去动物园的时候有没有注意过，离入口最近和最远的地方分别养着什么动物？动物园的这种市场洞察力，你恐怕很难察觉到。

我在讲座上问："在动物园里，离入口最近的是什么动物？"人们的回答各有不同："狮子""大象""长颈鹿"。

事实是，狮子、大象和长颈鹿常常被养在离动物园入口最远的地方！为什么？因为它们就是你去动物园的原因。

营销领域有一个十分复杂的规律：你必须为前来消费的人群设计一条环形路线，也就是起止点相同的路线。把他们最期待的、对他们来说最重要的东西放在离入口最远的地方，把不那么重要的东西放在入口处。

乍一看这似乎不合逻辑，但实际上它包含了很多营销技巧。我们以一个当地的超市为例。人们在超市里最需要购买的是什么？往往是面包和牛奶，最不需要的是什么？可能是糖果和一些特价商品。

因此，如果超市将面包和牛奶放在入口靠近收银台的

地方，大多数顾客可能会直接拿起面包和牛奶，付完款就走了。他们不会进到超市里面，也不会看到超市提供的其他商品。

如果面包和牛奶被放在离入口最远的地方，超市就能获得三方面的利润：

第一，顾客"被迫"在购买生活必需品的路上经过整个超市。这样，他们会下意识地看看身边还有什么东西（当然，也会买一点本来没打算买的东西）。

第二，顾客在经过这条路线时，心中会不由自主地产生期待、好奇和兴奋感，因为他们知道前面有他们想买的东西。顾客不太可能一进超市就看到想买的东西，由于下意识的兴奋感，他们会购买更多计划外的东西。

第三，当顾客选完商品到收银台结账时，会看到收银台附近有许多他们并不真正需要的小玩意儿——糖果、儿童玩具、电池等。但因为他们要排很长时间的队，接触这些商品的时间就会很长，这就会使得他们反复打量这些商品，最终的结果就是：他们又买了一些自己原本不需要的东西……

所以，你明白了吗？现在，让我们回到动物园的问题上。

当你刚开始参观动物园时，会看到什么？会看到那些小型动物——鹦鹉、乌龟等。然后，你会看到那些体形更大、更有吸引力的动物，如猴子和老鹰；之后，你会看到长得很"酷"的动物，如火烈鸟和短吻鳄；最后才是你参观动物园的"高潮"——在离入口最远的地方，你会看到狮子、大象和长颈鹿。全世界的动物园大都是这么设计的。

为什么它们离入口这么远？因为你去动物园就是为了看它们！

如果你想给孩子看蛇、鹦鹉甚至是猴子，可能不必去动物园，带他去离你家最近的宠物店就可以。但去了动物园，你和孩子依然会被这些小动物"迷住"，因为在入园的那一刻，你们的期望值便开始建立，兴奋值也随之升高。到达狮子展区时，你们的兴奋值达到了顶点，游客体验感达到最佳。

我还忘了一点——你还会买更多东西……

想让客户从你这里消费更多，提升他们的购物体验吗？在向他们提供产品和服务时，创造一种"期望效应"[1]，提高他们的兴奋值，让他们欣赏你，对你赞叹不已。这一点至关重要。

---

[1] 译者注：又称皮格马利翁效应。

为什么我们的孩子会表现得很糟糕

可能很多家长都很熟悉下面的情景：你开车带着孩子去旅行、去博物馆或去看表演、去参加家庭活动或生日会，出发前你对孩子说："今天要好好表现哦。"但到了之后，孩子做了些让你不满意的事，于是你便训斥他说："我不是和你说了要好好表现吗？可你表现得一点都不好！"

这种情况往往会让父母觉得很沮丧。但我们都忘了一点：孩子，尤其是年龄很小的孩子，并不知道也不理解"好好表现"是什么意思！

对孩子来说，这是一个非常理论化且不明确的说法，作为家长，你非常清楚（有时也不太清楚……）要参加的活动是什么样子，也非常清楚孩子怎么表现你才会满意，但你只是说了句"好好表现"，实际上和什么都没说一样。

什么能帮助你（和孩子）？—— 清晰的方向，明确的指示。

举几个例子：

"我们现在要和弟弟一起出去玩，你们不能吵架，也不能打架。如果他捉弄你，你不要还手，过来告诉我就可以了。"

"我们现在要去和家人一起吃饭,你先吃完了就坐好等着,不能自己离开餐桌,等大家都吃完了,我让你走的时候再走。"

"过会儿到了外公外婆家,你要抱抱他们,亲亲他们,他们给你礼物要说谢谢。"

……

过去,你希望孩子表现良好,但他不知道这到底是什么意思,就很难照你说的做,也很难在下一次的表现中反思和改进。

现在情况会发生什么转变呢?任何年龄段的孩子都能清楚地知道你想让他们做什么。有了明确的指示,他就能够理解,也知道怎么去执行你说的话。而且这些都是可量化的指示——换句话说,你可以容易地判断孩子表现得是否良好。

你和孩子的相处变得愉快了,孩子表现得更好了,孩子的教育问题(包括立规矩)明显改善了。有了明确的指示,孩子就知道具体该怎么做。而且,如果你能在孩子做错时指出具体的问题,如"今天不是和你说了吗,大家都吃完之后你才可以离开餐桌,提前离开是不礼貌的。平时大家都不太见面,今天好不容易聚在一起,你要耐心等几分钟",下次他可能就不会这样了。

孩子是个"小大人",明白了你不想让他做某些事的原因,他往往会知错就改。这种指令对成年人也适用。比如,人们会遵守"路标",如果你想某人做某件事,不管他是你的孩子、员工、下属、客户、同事还是家人,你都要明确需要他具体做什么。你要准确地、一步一步地指示他做什么、怎么做。这个道理适用于人类的所有行为,包括销售。

互联网上的登录页面、打给客户的销售电话、我曾出席过的销售会议,结束语基本上都是"很高兴能帮助到您""请联系我们""期待与您再次相见",等等。

这些都不够好。行动号召必须是清晰且准确的。

一场谈话或会议,最重要的部分可能是你在结束时的陈述;一篇帖子或一个销售页面,最重要的部分可能是你在末尾写的结束语。这些部分必须出现清晰、准确且实用的指示,清晰的指示对于激励他人采取行动至关重要。

一个销售顾问只是建议企业老板"你可以做得更多",却没有准确地说出怎么具体"做得更多",企业就不会成长。

一个医生只是告诉病人"你必须减肥,开始控制饮食",却没有解释到底怎么控制饮食,病人就瘦不下去。

一个律师只是告诉客户"跟对方谈话时千万不能犯错误,别让自己担上罪名",却不解释什么是"错误",也不告诉客户什么能说，什么不能说，那这个律师不仅帮不到客户，还会让客户疑惑不解。

我在孩子的学年末派对上也遇到过类似情况。那天，在表演和感谢环节结束后，学校开始给每个孩子发放学年证书。参加活动的孩子很多，发放证书要花很长时间。有些家长急着回家，早就失去了耐心。

根据我之前参加活动的经验，我认为发证书的流程不过就是孩子先去接过证书，家长再起身与其他家长告别，然后带孩子离开。

实际的情况是，证书的发放顺序完全是随机的，没有按座位号或名字首字母的顺序来排。前几个去拿证书的孩子受到了所有人的关注，最后几个孩子过去时，现场只剩下了噪声和混乱。而且，那时候许多孩子和家长早就离开了，只剩下还没领证书的孩子的家长坐在下面，为他们的孩子鼓掌。

从最后那几个孩子和其父母的角度来看，其他人的行为是不礼貌的，甚至说是侮辱都不为过。大多数人都倾向于首先关注自己的利益，只在乎自己的孩子是否拿了证书，只在乎自己的时间安排。要避免这种情况，就必须转变当天的管理方式。

如果管理得当，学校或幼儿园的老师应该在证书颁奖典礼开始前告诉所有家长，在所有孩子领完证书之前，任何人都不能离开自己的座位。告诉他们，如果提前离开，最后的几个孩子和家长会很沮丧，会受伤，并号召他们：

"请大家为所有的孩子鼓掌，就当他们是你自己的孩子一样。""请想象一下最后一个领证书的是你的孩子。"

这种话很奏效。我之前参加过不少活动，只要前期组织得好，效果一定会很好。如果老师在颁发证书之前这样做，所有孩子就都能收获掌声，现场气氛也会很好。没有人会在结束前起身，所有孩子都会觉得自己很重要，感觉自己被尊重。

具体怎么做呢？

第一，做好充足的准备。如果老师在家长起身离开时才说"请留下"，效率就会非常低。他们应该在仪式开始之前向家长说明仪式流程，需要家长做什么（为每个孩子热情鼓掌）。一旦被明确指示，家长就知道该怎么做了。

第二，引导家长去思考。不能让他们囿于自己的观点，要引导他们顾全大局，多考虑其他的孩子和家长。

第三，引导家长去感受。引导他们将心比心：如果最后一个领证书的是自己的孩子，他们心里是什么感受？如果收不到掌声的是自己的孩子，他们心里是什么感受？

第四，老师的语气必须温柔且坚定。让说出的话像一个请求，而不是一个命令，甚至以一种愉快的方式提出。但信息必须明确：在所有孩子都领完证书之前，家长们必须全部待在座位上，为每个孩子鼓掌。

没有妥协，没有让步，也没有例外，谁都不能有特殊情况。哪怕你需要赶在超市关门之前去购物，也得等明天。

只有设定明确的界限，人们才能严格遵守。如果你能让他人去思考，能清晰准确地指示他们需要做什么，能对自己说的话信心满满，那你便可以鼓励、说服、推动任何人采取行动。

餐厅的服务员是怎么知道你想喝什么的

几年前的一天，我在西班牙马德里的一家餐厅用餐，我旁边的那桌坐着一群开心的朋友。服务员走过来问他们："请问各位想喝点什么？红葡萄酒还是白葡萄酒？"有些人点了红葡萄酒，有些人点了白葡萄酒，然后服务员去拿菜单了。

让我感到惊奇的是，他们并没有说要喝酒。在服务员问这个问题之前，他们可能没想要喝酒。事实上，服务员当时用了一种复杂的营销方式提问题。他没有问他们是否要酒，而是直接跳到下一个问题：要哪种酒。

这在说服技巧领域中被称为"锚定"。服务员在他们的头脑中"植入"了一个想喝酒的想法，然后他们就会认为喝酒是理所应当的，就不会再考虑要不要喝酒，而是考虑喝哪种酒。

类似的技巧在生活中很常见，如收银员会问你："请问怎么付款？现金还是刷卡？"这种问法会在顾客心中"植入"一种已经决定要购买的想法。所以接下来顾客只需要选择付款方式。有些人可能觉得这只是一种狡猾的心理暗示，如果他们就是不想买，谁都劝不动。这就比如如果那几个人想喝的不是葡萄酒，或是不想喝酒，那他们压根就不会点，服务员再舌灿莲花也没用。

虽然锚定可以增加转化率，但不是每个人都会受你的引导。服务员看到那桌人的心情不错，才会去引导他们买最适合他们的商品。

为什么空姐不会与你进行眼神交流

很多坐过飞机去旅行或参加商务会议的人都很熟悉下面这几个阶段。

第一阶段——飞行员和空乘人员对乘客进行安全指导，宣读飞行简报。

第二阶段——起飞，等待飞机达到飞行高度，并在空中稳定下来。

第三阶段——空乘人员提供饮料及餐品。

第四阶段——在很长的一段时间里，没人理你。

第五阶段——再次得到一杯饮料，也许还有其他食物，并被推荐免税物品。

第六阶段——准备着陆，系好安全带，填写海关表格，等等。

你可能会觉得其他阶段都很合逻辑，唯独第四阶段有点问题："很长时间内没人理？我们可是付了钱的啊。"

但第四阶段就是这样的（经历过的人都知道）。在这一阶段，航空公司及其工作人员就是希望你能好好休息、看会儿电影或听听音乐。最主要的是，尽量少打扰他们，给他们休息的时间，只有这样他们才能为下一阶段的航程做准备。

那他们会在第四阶段具体做什么？

他们可能会要求你拉下窗户的遮光板（这样光线就不会打扰到睡觉的人），他们关闭主舱的所有灯（一个微妙的暗示：睡觉）。顺便说一下，如果有人看过幼儿园老师是怎么哄孩子睡午觉的，就知道这两者原理非常相似——窗帘一拉、灯一关、床垫一铺，孩子们就知道该睡觉了。

在第四阶段，机组人员一般不会在机舱内走动，你也看不到空姐。

在横跨大西洋的航班上，你可能一连几小时都看不到机组人员。如果你有紧急情况，按下求助按钮，空姐便会来到你身边。但是，当她经过其他乘客的时候，大概率会走得非常快，低着头，避免任何眼神接触。

为什么？在市场营销领域有一个简单的原则：眼神即邀请。

当你直视某人眼睛的时候，就是想让对方陪伴你，和你聊天。对于作为客户的我们来说，这会让我们感到很快乐。当空姐直视我们的眼睛时，我们会立即想到其他的东西：问问题、要饮料、要小吃等。在第四阶段，机组人员不想让你提出很多要求，除非你真的特别需要。因此，他们会尽量避免与你接触。空姐要去帮助乘客，这是她的职责，但她会尽量避免和乘客有眼神接触。

第五阶段灯光会亮起。广播响起，空姐也会再次微笑着走来走去。这个时候你会醒来，或是吃点东西，或是做其他你在这个阶段该做的事（就像幼儿园里的孩子们知道到了起床时间，老师会叫醒他们）。

我说这些的意思是你可以决定客户的行动，在你为他们提供产品或服务时管理他们，就像坐飞机、看电影、住酒店、出去旅游时一样。想与客户沟通，就叫出他们的名字，与他们进行眼神交流，明确发出"邀请"。时机不对时，你要做的就是少说话。

只要你在前期很好地满足了他们的需求，大多数客户就不会"骚扰"你。你可以在下次放假的时候，好好思考如何把这些原则应用到自己的实际生活或工作中。

为什么餐厅不会让你一次性尝遍他们的菜品

你到一家不错的餐厅吃饭，餐厅可能还配了知名的大厨。菜单上的所有菜品看起来都很美味。如果你一次性把菜品尝遍了会怎么样呢？你会觉得很不舒服，胃疼肚子胀，有整个人都快要撑爆的感觉。尽管每道菜味道都不错，但你离开餐厅时的体验却不好——餐厅可不想给你留下这样的顾客体验。

那好的餐厅会怎么做呢？

根据你的点单给你上菜，比如上一道主菜、一道开胃菜、一些饮料和一份甜点。你会以十分愉悦的心情结束用餐，最重要的是——你还想尝尝他们家的其他菜品，于是你总想着有时间再去一趟这家餐厅。

这个道理同样适用于讲座和咨询。

讲师最常犯的错误之一（就像多年前我刚开始演讲时一样）就是在整个讲座中给听众提供过量的信息和内容。这么做其实也有积极意义，出于好意，他们想尽可能地教给听众更多的东西，传授更多的价值。但从我的经验来看，很多听众的首要目的并不是学习，而是寻找一种体验和乐趣；其次才是学习，他们希望这种学习是有目的的和高质量的。

所以，如果一个演讲者在自己的演讲中硬塞大量的材料，尤其是听众不熟悉的材料，对他自己和听众都是不利的。因为听众不能一下子吸收所有的知识，甚至是大部分知识。（研究表明，人们在讲座中只能吸收1/3左右的知识，如果他们对讲座的主题不熟悉，能吸收的则更少。）听众会感到无聊，注意力会不集中，也不会重视讲座上传授的知识。

为什么对演讲者也不利呢？因为不仅听众会对这样的讲座感到厌烦，演讲者后期的销售工作也很难推进。（尽管他们说的每件事都是对的，也很重要，但加在一起实在是太多了……这和一次性尝遍餐厅的所有菜品是一个道理。）

咨询也是如此。近年来，我注意到，我在会议上讲得越少，客户越满意。

乍一看好像不合逻辑，但仔细一想，这其实是符合逻辑的，因为客户不仅在购买我的知识，他们也得到了很多其他的东西：我的注意力、让他们客观说出自己想法的机会、和我交流意见的机会。（就跟打乒乓球一样，有来有回。）如果我在咨询过程中滔滔不绝说两个小时，尽管教授了他们很多知识，他们可能还是不太满意。

所以开讲座和接受咨询的正确方式是学会沙里淘金，拣重要的说，不是每件事都重要。仅把你知道的一小部分讲给他们听，他们会愿意再来听你的演讲，购买你的产品和服务。

餐厅的厨师非常希望你能尝遍他们的菜品，因为他在每一道菜上都下了很大功夫。如果你一次就尝个遍，直接吃腻了,可能以后再也不会来;如果你一次吃一道菜,肯定会一趟又一趟地来。

"没人会买你的书"

几年前,我应邀为一家大公司做讲座。该公司拥有数万名员工,为了奖励员工,公司提供了一系列讲座,我的讲座只是其中的一部分。讲师的名字和讲座的主题一起公布,员工可以根据兴趣自行决定是否参加。

我按照自己的习惯,在讲座开始前大概1小时来到现场,却发现报告厅里一个人都没有,连邀请我的培训经理也不在。我给她打了个电话,她说开完会就来见我。

我在这方面经验很丰富,在报告厅里做起了准备工作:连接电脑、构思讲座、检查话筒声音,还在演讲台旁边的桌子上放了我的书,每一本都准备了好几份。

这个时候还没人到,我就去了下洗手间。后来我才知道,员工总是在最后一刻才来听讲座。我回来的时候大厅里已经坐了很多人。培训经理一直在找我,她对我说:"现在再把书拿下来已经晚了,但你要知道,我们是不允许在讲座后卖书的。"

我向她解释说,我在讲座过程中从不主动卖书(这应该就是她关心的事),只是在讲座结束时说明我所有的畅销书都在这里。想买的人可以过来找我,我会在书上签名,只咨询不买书也无妨,我都会答疑。

她回答说:"我允许你把书留在这里,因为我在最后一刻才发现了这件事。但是你的讲座不能带有太强的销售性质。"她在我上台之前又补充道,"无论如何都不会有人买你的书,他们都是受薪员工,我从来没见他们在任何讲座结束之后买过书。"

大厅里挤满了人(有200人左右)。在讲座的1.5小时里,我能真切地感受到听众被我讲的内容所吸引,笑得很开心。在讲座结束时,我邀请他们过来咨询或是买书。

这时候听众的反应让我惊讶不已,大约有40名听众在讲座结束后过来与我交谈,其中一些还耐心地等了很久,我还卖出了22本书,为此在大厅里多待了1小时。鉴于培训经理的话,这种情况在以前是不可能发生的。现场的气氛非常热烈,我看到培训经理想过来和我说话,却没挤进来,她等了几分钟就走了。

当我最后离开他们公司大楼时，我给她打了个电话。电话中她说道："我真的很震惊，我第一次看到这么多人围着一个讲师。"我告诉她我卖出了22本书，她回答说，"现在我更震惊了！"

我忍不住问她："我想问问你，你每年邀请的数百名讲师中，有多少人写过书？"

"只有几个。"她回答道。

要知道，我和她说的是水平很高的讲师，他们被邀请来公司前经过了严格的筛选。

"在那几个写过书的讲师中，有几人向听众展示过他们的书？"我问。

"一个也没有，"她回答，"因为我总是让他们别这么做。"

"所以真实的情况是，根本没有讲师在讲座上展示过自己的书，那你怎么就断定没有人会买我的书呢？"

以下是我从这次活动中得出的结论：

第一，不要害羞，也不要害怕在讲座或演讲结束时发出号召。如果讲座办得很好，那你花几分钟时间向他们推销也无妨，他们还是会喜欢你；如果讲座办得不好，那不管你说什么听众都不会喜欢你，更不会从你这里买任何东西。

第二，人们总是受制于自己的观点和"固有思维"，这让我一直觉得十分惊讶。

培训经理觉得讲师卖东西会令员工不悦，阻止讲师向员工推销任何东西，还给自己灌输了一个错误的观念："受薪员工不会买书。"是啊，书都没有出现过，他们当然不会买。

激励他人采取行动的关键，就是主动积极的互动。

在下一章，我会讲到更多有关与他人和客户交往的规则。

关键知识点

激励他人采取行动：

- 你想让他人做某件事，就要让他们知道做这件事十分容易。
- 进行活动宣传时，如果主办方提到有食物供应，来参加活动的人数会增加20%。

- 投资原则：投资你的客户，他们就会以购买你的产品或服务的方式作为回报。
- 人们在吃饱后会更加警觉和专注。
- 即使是免费的东西也必须卖出去。
- 把顾客最想购买的东西放在离入口最远的地方，把对他们来说最不重要的东西放在入口边上。
- 人们会遵守"路标"——向他们详细解释具体需要做什么。
- 锚定：在你的客户头脑中植入一个想法，让他们思考想要你的哪种产品或服务，或者如何购买，而不是他们是否想要。
- 如果想与客户沟通，叫出他们的名字并进行眼神交流。
- 在活动或交易完成后，给客户留下想了解更多的感觉。
- 不要害羞，不要害怕在讲座或演讲结束时发出号召。

04

站在舞台中央，直面观众与客户

你会在观众面前给自己找什么借口

情境1：

你要去参加一场业内的专业会议或商业活动。你代表的可能是公司，也可能是你个人。你为参加这次会议设定的主要目标之一是建立人脉网络，也就是说，你想尽可能多地结识新朋友，挖掘潜在的客户和合作伙伴。

实际上，你大部分时间都待在角落或是咖啡供应点旁边，一直坐在演讲厅的同一个座位上。而你主动去搭讪的人，基本都是和你一起参加会议的人，或你本来就认识的人。

情境2：

你正在与客户开销售会议，双方产生了"化学反应"。你以饱满的激情介绍着你的产品或服务，希望能在这次会议上达成交易。

实际上，针对你的介绍，客户做出了一些回应，比如"这对我来说太贵了""我不是很感兴趣""我会再联系你的""好的，我们保持联系"，等等。然后，会议的氛围就降到了冰点，你失落地离开了会议室，交易没有达成。你问自己："为什么会这样？究竟哪里出错了？"

情境3：

你在听众面前分享着某个专业领域的"干货"，听众们非常投入。在演讲结束时，你想进一步推进，再办场咨询会或研讨会，鼓励人们购买你的产品和服务，或者和听众交换联系方式。

实际上，在最后1分钟，你担心有些听众会不喜欢你的推销行为，所以没有发出号召。你离开了这场自我感觉还不错的讲座，却没有取得明显的效果，也没有为后期的工作做准备。

这三种情况有什么共同点？

1. 你没有意识到这三种情况中潜在的机会。不管是从个人层面还是企业层面来说，你都没有取得任何成绩。

2. 在这三种情况中，你一直在为自己的行为和做法辩护，还向自己"推销"了不作为的借口（不是对听众）。

3. 你没有激励任何人采取行动。

如果你想推销你的产品，就必须把自己推向最前线，真正提供这些东西。没有人会帮你做这件事，也没有人能够比你做得更好。

这一章我会介绍与客户的交往规则，以及如何将你的主观能动性和激励人们采取行动的能力提升至新的水平。

餐厅老板和服务员有什么区别

这是世界各地的商业管理学校都在研究的困境：

你在一家管理公司任职，需要雇用一名销售人员。你可以雇用一名初级经理作为你的下属，也可以雇用一名熟练的普通员工担任重要的职位。也就是说，你有两种选择：

1.雇用一匹"高贵的骏马"——文质彬彬，某些事可以做得十分出色，但不愿意或不能做其他事情，也不准备尝试做超出其能力范围的事情。

2.雇用一匹"野马"——管理和控制起来比较困难，但有很大的能量、激情和动力，即便不是责任和权力范围内的事，他也愿意去尝试。

你会选谁？哪个是你想雇的人？

针对全球各大公司进行的研究表明，大多数高级管理者会更倾向于选择"高贵的骏马"。因为他们更有纪律性，威胁性更小，更容易管理，晋升的意愿也不强烈。关键是，他们不会有太多的主动性，不会越过初级经理的职责。

简而言之，这是那些害怕"出问题"的高级管理者最青睐的"典型"员工。尤其是在体制内或大公司里，这种现象尤为突出。

但我的观点不同。

如果我是一名高级管理者，在为公司招募员工时我会选择"野马"。

因为我希望员工和团队成员能够挑战我，在适当的时候批评我。更重要的是，我希望他们激情饱满，充满能量，这样我就不用再每天花时间激励他们为我努力工作。

如果招募的是销售人员，选择"野马"就更加正确。

为了在销售方面取得成功，你需要某些技能的加持，我称之为"积极意义的胆大妄为"。也就是说，你要敢于拿起电话向别人推销，敢于一次又一次地跟进客户，敢于在活动中走到陌生人面前。

这些都是"高贵的骏马"永远不会做的事情，因为这不是他们的本职工作，或者说他们会觉得做这样的事情不自在。他们不知道怎么去做，也接受不了失败的结果。但"野马"会做这些事情，因为他们明白：为了成功，要不惜一切代价。

你去一家高级餐厅吃饭，老板会在门口迎接你，服务员则在里面为你服务。

你知道老板和服务员之间有什么区别吗？

老板是一匹"高贵的骏马"，服务员则是一匹"野马"。老板不会向你推销任何东西，他们只是面带微笑，把顾客迎进店里，通常来说，他们还会精心打扮。他们不需要向你推销任何东西，因为你已经来到了餐厅的门口。在某些情况下，他们不仅不会促进销售，反而会成为销售的"绊脚石"：如果顾客已经到了餐厅门口而他们没有及时迎接，没有面带微笑，顾客很可能会转身去另一家餐厅。

那服务员呢？服务员是熟练的销售人员，因为他们的小费和自己的销售额挂钩。所以，他们会鼓励你点菜单上更贵的菜，还会反复问你是否还想吃点什么。而且不管你点什么菜，他们都会建议你来道配菜或饮料。简而言之——他们所做的一切都是为了让你在餐厅多花钱，当然也是为了确保你能享受到上乘的食物和服务——并且以一种非常礼貌的、令人愉快的方式。

所以，在你下次雇用员工、经理或销售人员时，即使通过外包①来完成，我也建议你选择"野马"。

"走出去"和你的收益有什么关系（或：竞争对手的办公室就在你客户办公室的对面，你该怎么办）

2015年初，我为一家银行举办讲座，这家银行购买了我的咨询服务，听众包括该银行的所有支行经理。

在讲座开始之前，银行的营销副总裁已经与经理们进行了初步的谈话，告诉他们要增加每个支行的商业账户数量。他问分行经理："你们有多少人的办公室位于商业中心内？"

大约有一半的与会者举起了手。

---

① 指雇用外部供应商所提供的员工为你工作，不是你的雇员。

接下来他问:"你们有多少人在写字楼里办公?"

大约有1/3的人举起了手。

他又问:"谁负责管理的支行位于购物中心内?"

剩下的所有人都举起了手。

他又问了一个问题,结果却让我吓了一跳。

"在过去的这一年中,你们中的哪一位走出过自己的办公室,去看过商场、商业中心或所在办公楼里的其他企业,主动认识企业老板并向他们介绍你的支行?"

没有一个人举手。

我为什么会对此感到惊讶呢?

因为人们往往认为营销和销售是非常复杂的。每当谈及这些技能,人们就会认为"这些技能要么生下来就会,要么永远都不会",认为一些"复杂的机制"会影响招揽客户,还认为做销售需要高度复杂的"创造性思维",等等。

但事实是,在大多数情况下,营销和销售比人们想象的要简单得多。你只需要下面这三样东西:

- 主动性
- 勤奋
- 社交网络

试想一个场景，一位支行经理带着银行的宣传材料，走出办公室，到分行附近的其他企业登门拜访，与这些企业的老板交谈。

这位银行经理不用花钱，没有差旅费用，宣传材料都是现成的，甚至连时间都没花多少。

但当他走出办公室，对这些企业进行简短的礼节性访问后，会有什么效果？突然间，银行变成了"人"，它不再是一个碰巧开在企业旁边、陌生的、孤立的银行支行。如果那些企业想办业务，就多了一个可以交流合作的"人"，一个能为企业带来好处的"人"，而且这个"人"就在附近，随时都能走过去找"他"。

可能有些企业不感兴趣，没有时间与这位支行经理交谈，也不愿意真的去支行实地考察。但从统计学上来讲，拜访过几十、上百家邻近的企业后，这位经理不可能一个客户都找不到。

银行的营销副总裁分享了我的观点，还告诉支行经理，当他还是支行经理的时候，没什么社交网络，营销中也基本不会用到互联网。所以，他不得不"踏破铁鞋"四处奔走，在支行附近"挨家挨户"地挖掘潜在客户，认真倾听客户的需求，鼓励他们到"隔壁的"支行实地考察。

如果只是躲在办公桌和电脑屏幕后面，那就轻松多了。你可以只处理那些找上门来的客户，或是等待银行的中央管理部门、与银行有合作的广告公司和媒体把潜在客户送到你手上，这样你也能增加支行的商业账户数量。但是，在数字时代，企业和个人都更欣赏一个人的人格魅力，喜欢主动的人，喜欢面对面的交谈。

我有一个客户是专门从事办公室品牌设计的室内设计师。她曾经告诉我：有一次，她和一个非常大的潜在客户约了会议，这位客户有大量的连锁店需要进行室内设计。当她到达会面地点时发现，有一家室内设计公司就开在客户总部的对面，上面还挂着一个巨大的招牌。

她非常生气，感觉即将到来的会议在这一刻失去了意义，客户可能早就与自己的竞争对手合作了。她问自己，既然对面就有设计公司，客户为什么还要和她合作？

但在会议上她惊奇地发现，这位客户并不认识对门的设计师，甚至连对面有家设计公司都不知道。

我敢打赌，对面的这家设计公司绝对在营销方面投入了大量精力——网站、脸书页面、谷歌活动、小册子等，但没想到，一些工作其实就在"眼皮子底下"。

如果你想避免这种情况，就要知道应该到哪里去找客户。要学会主动出击，在会议上谨言慎行，为了推销自己而"踏破铁鞋"。

要想与他人建立联系，
为什么躲在键盘后不是明智之举

几年前，我看了一部十分精彩的电影——《实习生》。该影片由罗伯特·德尼罗主演，他在电影中饰演了一个70岁的鳏夫，他失去了妻子，很多朋友已经去世，但他不愿意在退休后慢慢变老，他要寻找生活的意义。

在电影中，他看到某家公司有个专门招聘退休人员的项目，他便入职了这家年轻而充满活力的高科技公司。该公司的CEO只有35岁，员工年龄也都在20~35岁。

电影以一种轻松欢快的方式描绘了代际差异以及Y一代（1980年到1995年之间出生的一代，也被称为"互联网一代"，这代人在互联网和数字世界中成长起来）的复杂性。

其中一个场景令我记忆犹新：一个年轻的实习生告诉德

尼罗，公司里有一个他喜欢的女孩，他们约会过，现在很想再约一次。但是，他惹她不高兴了，女孩现在不愿意理他。

我记得德尼罗对他说："你有没有找她谈过？有没有和她道过歉？"年轻人回答："当然了！我给她发了无数条短信，还有电子邮件，甚至给她发了一个悲伤的表情包！"

德尼罗又问他："那有没有和她面谈过？你是不是应该直接过去找她谈谈？"

年轻人沉默了，想了想，问他："你觉得这有用吗？"

从我的角度来看，这一幕恰好说明了现在几代人所面临的共同挑战（不仅仅是Y一代，而是所有年龄段的人）。

如今，我们已经从一个"不断进行人际交流"的时代过渡到一个"躲在键盘后"的时代。在与潜在的重要客户交流时，我们一般只会发送电子邮件，不会打电话或安排会议；在与家人、朋友交流时，我们只会发送短信和Whats App[①]信息，不会打电话或登门拜访；在约会和发展人际关系方面，就更不用说了。

即使在数字时代，可以说也正是因为在数字时代，我们在听众面前讲话的能力才显得越来越重要。

---

① 译者注：即时通信软件，类似于国内的微信。

研究表明，在所有的营销和销售方法中，"转化率"最高的仍然是在听众面前演讲或介绍。我试过几乎所有的方法，得出的结论也确实与之相符。

想促成尽可能多的人购买你的产品或服务，最有效的、排在第一位的方式依然是与他们见面，让他们面对面地听取你的意见，引起他们的兴趣，让他们向你提问。

排在第二位的方式是一对一的会议。注意，我说的是那种真正的会议，你们能直视对方眼睛的那种。

排在第三位的是电话。

排在第四位的是Whats App等聊天软件。

排在第五位的是短信。

你可能会问，为什么聊天软件的转化率会比短信高？

因为人们普遍认为，使用聊天软件交流比使用短信交流更加亲密。如果你用聊天软件与客户交流，可以拉近与客户的距离，让客户感觉你们之间不只有工作关系，还有一种朋友关系（通过使用聊天软件，这种亲密的关系会被潜移默化暗示出来）。现在，我们对此进行一个详细的说明。

你现在可以看一下你的手机——是的，现在！先合上书去看几分钟手机（但别忘了回来）。你看到了什么？聊天软件中的消息大都来自朋友、家人、同事或者孩子同学的家长这些人。你的短信中则包含更多"正式"的信息，如广告、医生或修理工的预约提醒、调查问卷。

那么，如果我给客户发信息，会想让我的名字出现在哪个软件中？自然是聊天软件，因为那里面的人和客户关系更亲密，即使我的信息不一定亲密，可能很正式、专业。

电子邮件排在第六位。

通过社交媒体发送的信息排在第七位。比如，通过脸书发送的私信，或是推特上的推文。

看到这里时，可能有人会说："这太荒谬了，你在说什么？我就是用电子邮件和社交媒体与别人联系的，效果明明非常好。"

但你要知道，不是每个人都觉得效果很好的。虽然这种方式你用着不错，但换个软件与人交流，效果可能会更好。

如果你想与众不同，想在个人生活和工作中脱颖而出，就要转变为人处世的方式，要走出去与客户接触，与他们建立直接的联系并发展友好关系，要明确告诉他们你的情况，而不是整天躲在电脑屏幕或电话后面，待在自己的舒适区中。

今天的人们已经习惯发送文字和语音，电话正在逐渐被抛弃。即使是在一个房间或在相邻的建筑里，人们也更倾向于用聊天软件或电子邮件交流，尽量避免面谈。

人们花大量的时间给对方输入语音，听对方的回复，再录新的语音，再听，看似麻烦得不得了，但即使这么麻烦，人们也不愿意直接打电话交谈。

过去，我每天都能轻而易举地接到几十个关于公事的电话。但在今天，即使我的业务扩大了很多，每天也接不到几个电话了。不过我的Whats App和脸书上倒是每天都有几十、上百条信息。

这个世界一直在变，通信方式也在变。但人的大脑仍然在以10年、20年，甚至30年前的方式工作。

你想甩开一众竞争对手吗？那就与客户面对面交流，不要总是躲在键盘后面。想为你的产品或服务报价？拿起电话，与你的客户交谈，别只是发条信息，然后等待客户的回应。在用电话交流时，就算你的报价很高，也能据理力争。（在第6章中，我将更详细地介绍正确且有效的销售对话方式。）

想在不景气的市场中屹立不倒吗？那就与你现有的、潜在的客户进行实际的会面——会议、讲座、演讲，参观你的公司、工厂、办公室，等等。

想建立起自己的专业权威吗？那就出版一本和专业领域相关的实体书。即使是在博客、电子书和网文大行其道的今天，实体书也仍然是信息产品中的王者。

正因为你的大多数竞争对手（尤其是年轻人）不会使用这些方法，你的客户才会更欣赏这些实实在在的电话、书籍和会议。如果可以的话，你甚至可以直截了当地给他们来场讲座。

它将加强你的权威，让你变得与众不同，更容易被记住，从而达成更多的交易。不要再躲在键盘后面了，键盘外才是真实的世界，它至关重要，趣味横生。

如何提升成交率

在销售的世界里，最重要的事情之一便是转化率。也就是说，在你接触过的所有人中，有多少购买了你的产品和服务。

如果你向1000人发送电子邮件（他们全都打开读了），有20人购买了你的产品，那转化率就是2%。如果我给100人办了场讲座，有20人在讲座结束后进行了购买，那转化率就是20%。

世界上所有的公司，无论大小，都会通过不同的手段、方法和平台推销他们的产品和服务——网站、发布会、会议赞助、讲座和演讲、线上赞助活动、广告、直接邮寄，等等。但企业的资源（时间、金钱、精力）毕竟是有限的，转化率最高的营销方式是什么？哪个平台上值得企业投资最多？哪个平台产出的客户最多？

前面我们讲到直接开办讲座或演讲比面对面的会议更加有效。换句话说，给20个人办讲座，比我和20个人单独见面成交率更高。而面对面的会议比电话沟通更有效，电话沟通比发短信更有效，发短信又比发电子邮件更有效。也就是说，同样的人在收到报价短信时，会比收到报价邮件有更多的反应，成交率更高。而发送同样的文字，使用邮件的效果又比使用脸书的效果好。

所以，如果想尽可能提高成交率，就要把客户转移到转化率最高的平台上。

例如，如果一个客户在脸书上找到你（点赞或在评论区问问题都算），那你要想办法用电话和他取得联系；如果客户还在通过电子邮件或电话与你联系，你就要邀请他们参加会议；如果你已经与一些客户进行过一对一的会面，那就邀请他们参加你的讲座。你今天拥有的客户，只是无形资产，但你完全可以快速地将他们转变为有形资产，而且不产生任何费用。

我有一个客户，他的工作是在脸书上做业务推广，他参与过我的指导项目。他的一个客户是开玩具连锁店的，店里也卖些服装。在万圣节前几周，我的那位客户要为该连锁店在脸书主页上写几个帖子，邀请家长来店里买服装。

我们见面的时候，那些帖子没什么浏览量，互动也非常少。我看了一眼，大致内容是："我们诚邀您来店里选购各种服装""本店主营成人服装、儿童服装和一系列配饰""价格合理"，等等。

我把这些帖子全改了。

我向他解释说，这些帖子是在推销解决方案，但你真正需要推销的是问题或需求。（我在第1章中谈过这个原则，还会在第6章中详细说明。）

在万圣节前的两三个星期，父母会有什么烦恼呢？

首先，他们中的大多数人并不烦恼……因为他们压根儿不记得再过几周就是万圣节了。大多数父母只有在孩子的老师发布放假以及万圣节聚会的通知时，才会想起还有万圣节这么件事。

但等到那时候就太晚了……因为那时店里早就人满为患，他们不一定能找到自己想要的服装，只能挑几件剩下的凑合。

于是，我们写了新的帖子，从"推销问题"开始，内容大致如下："你是不是觉得万圣节还很遥远，有充足的时间买衣服？你是不是想给孩子买好看的衣服，哄他开心？你想先挑衣服还是只能买别人挑剩下的？你要抓紧了，不然衣服就要被别人抢光啦！现在正是来店里的大好时机！快来为你的孩子挑选吧！"

然后，我们又写了些关于服装的介绍，并在每篇帖子的末尾发出了行动号召，还附上了商店的地址和联系方式。

不出所料，帖子触动了很多家长，曝光率和互动也多了很多。

在这样的帖子上，你没有必要写"价格合理""打折处理""赔钱甩卖"这种字眼，因为只要你解决了客户真正的问题，价格便成了客户考虑的次要因素。

虽然我们发布了不错的帖子，也在脸书上得到了很多回应，但现在又面临一个新问题：如何处理这些回应？

我们先看看到这一步为止那家店是如何处理这些回应的：几乎没处理过。只是给几条评论点了个赞，挑了几个问题回答了一下（比如商店的地址在哪里）。他们没有和顾客建立起任何联系，也没有激励顾客采取任何行动。

这时候我们就要搬出一个十分有效的营销方法了。很少有人知道它，更没几个人真正使用，它被称为"购买信号"。

这个方法对下面这种情况十分有效：有人向你发出信号，

对你做的事情、写的东西或卖的东西表示很感兴趣，却没有问具体问题，也没有表现出购买的欲望。这个时候打交道的正确方式是"寻求参与"——积极回应"购买信号"，将客户转移到转化率更高的平台上。比如，主动联系客户，秒回信息，在脸书上要电话号码，他们一般会把电话号码给你。然后，你打电话告诉他们更多关于你的产品或服务的信息。

我的那位客户便使用了这个方法。在短短几小时内，他收获7个电话号码，他们都对商店的服装表现出浓厚的兴趣并想了解更多。

他把这些高意向客户的联系方式发给了店长，并明确指示她给客户打电话。

一个星期后，他问店长那些人购买了什么，她说"什么也没买"。

"你给他们打电话了吗？"

"没有，我只在脸书上给他们发了一个小册子，上面有我们的服装清单，然后他们就再也没和我联系过。"

这看起来是一个小错误，却让商店蒙受了巨大的损失。因为客户正眼巴巴地等着店长打电话呢，她却没有打。这些顾客都有强烈的购买意愿，本来都会买点东西。该连锁店投入大量的精力来挖掘客户，并与他们取得联系，却在这个过程中倒退了一步，又躲回键盘后面，只在脸书上发送了通知——没有任何个人接触，将客户转移到一个转化率低的平台上。

客户后来没有主动联系店家，更不用提买衣服了，但我一点都不吃惊。这在我看来就是"白捡的钱都不要"。这种结果真是令人惋惜，事情本不该如此。为了杜绝这种现象，你要主动与客户接触，为他们提供市场上独一无二的服务。只有这样，他们才会在你这里消费，你才能打败竞争对手。

有人在脸书上同时@你和其他50位供应商，你需要做什么才能争取到这项合作

如果你经常活跃在脸书上，传授专业知识，做商业活动，那么你肯定熟悉下面这样的帖子："我们正在为公司活动寻找一个有趣的讲师。如果你有认识的人，请@他""诚聘能够提升企业排名的数码大神""有没有人认识可靠的空调维修员？请留下联系方式""我想买个大屏电视放客厅里，有什么建议吗？"等等。

假设发帖人有很多好友，那他在短时间内就能收到几十甚至几百条回复，他的好友会帮他@很多供应商或专业人士。

虽然有些供应商会在几个推荐中反复出现，但发帖人仍然可以得到一个潜在供应商名单，然后他就可以根据自己的需求挑选最适合自己的供应商。

这是人群智慧的最佳体现，也是脸书合作力量的证明。

如果你也是其中一个被@的专业人士，知道有客户和同事在赞美你，感谢你为他们所做的工作，还把你推荐给其他人，那你肯定非常开心。

但重点是，你得到这项合作的概率有多大？

假设发帖人的好友们一下子@了十几个专业人士，其中一些人对他来说完全是陌生人，主页中也没有简历和履历。如果这是发帖人唯一的信息来源，只能从这个名单中选择，他该作何选择？

我来告诉你他会如何选择：根据价格。

如果发帖人愿意去接触名单上的一些供应商，却不对这些人加以区分，那对他来说，你们都是一样的。毕竟，你们都是在同一个帖子中被@的。你们之间的唯一区别在于，自己的名字是在上面那一行，还是在下面那一行。所以，他在选择时主要考虑的就是价格。

谁的价格最便宜，谁就可能得到这项合作。

发帖人倒也不一定会选那个最便宜的，但选最贵的那个的可能性是很小的。比如，我想找人推广我的网站，然后从供应商那里拿到几份报价。这些报价从每月200美元到每月5000美元不等。如果这些人我都不认识的话，那么200美元的那个我可能不会选，但5000美元的那个我肯定不会选。

"以价格为基础的市场"对每个人都是不利的，尤其是当你想成为或已经成为一个品牌、专家或权威，抑或是你销售昂贵商品的时候。

因为，如果有人@了你几次，你就被投进了竞争者的"海洋"中。虽然总比没有好，还能证明你过去做过许多优秀的工作，但别人能接触到你的机会也会变低，因为竞争者太多了。而且，如果是别人主动找的你，你在价格方面就会处于劣势，因为总会有人报价比你便宜。

那你应该怎么做？

你应该主动联系发帖人，更重要的是——给他打电话。

是的，没错，给他打个电话。

不要躲在键盘后面。不要只是给@你的人点个赞，然后等工作自己找上门来。不要只是受宠若惊，要把它向前推进。当然，也不要在帖子下面透露你自己的情况和具体的价格。

要和客户通电话，因为通过电话，转化率——你能达成交易或绑定客户的机会——会大大增加！

要将自己和其他人区分开来，提高客户转化率，提高成交率。你要做的是：给发帖人发一条私信，次之的方法是在帖子下评论，但绝不可以直接回复@你的人。私信的内容可以如下：

"嘿，凯文。很高兴认识你。

我看到贵司正在招聘SEO[①]，我在这方面有十分丰富的从业经验。

希望能够与你合作。

冒昧问一句，可否给我留个电话？

亚尼夫。"

这样就足够了，不需要发简历，也不需要提到任何费用问题。发这种消息只有一个目的：拿到他的电话号码，然后给他打电话。

[①] 译者注：SEO是Search Engine Optimization的缩写，意思是搜索引擎优化，即利用搜索引擎的规则提高网站在相关搜索引擎内的排名。SEO属于网络营销的一个工种，属于偏向技术的销售类、运营类职位。

保险起见，你也可以留下你的电话。

这包含所谓的互惠原则：你想让别人为你做点什么，就要先为他们做点什么。

例如，如果我想了解你的孩子，我就会先和你分享一个我孩子的故事；如果我想得到你的微笑，就要先对你微笑。想想，要是你对别人板着一张脸，他能对你微笑吗？如果我想更了解你，希望你对我敞开心扉，那我就会先透露自己的一些信息给你。如果我想拿到你的电话号码，就会把我的号码给你。

不过，如果我只是给潜在客户留下电话号码，等着他打过来，那我就把主动权拱手让给了对方。所以，如果我想增加两人谈话的机会，就必须要求对方提供电话号码。

我的公司和许多已经实施了这一规则的公司的统计数据表明，50%～80%的人会在回复中给出他们的电话号码。少数人还会主动给你打电话，这样的效果更好。

当发帖人给你留下他的电话号码时，就给他打电话吧！

通过电话交谈有两个好处：

第一，将自己与他人区别开来。因为你可能是唯一一个要求对方提供电话号码的人。当然，也可能是唯一一个把客户转移到高转化率平台上的人，其他人可能只通过脸书与客户进行互动。

第二，电话沟通的信息量更大。你可以表明你的优势，如丰富的经验、你的专业性。此外，你还可以倾听对方的意见，了解他们的需求，给出一个较高的报价，并在电话里为你的报价"辩护"。

还有一种可能：即使你的价格高于其他人，发帖人也会选择你。因为他根本没有和推荐名单上的其他人沟通过，根本不知道别人的价格是多少。

通过这种方式，你可以让自己在人群中脱颖而出，并得到高收益。

记住，以电话交谈的方式建立更私人的关系，拉开你与竞争者的距离，并把客户转移到转化率更高的平台上。即使在数字时代，可以说也正因在数字时代，打电话才显得尤为重要。

哪些知识孩子知道，我们却并不了解

2014年6月的一天，我的两个可爱的孩子，诺姆（当时5岁半）和约阿夫（当时3岁）和他们的朋友在家里玩耍。

他们在自己的房间里玩过家家，设定的场景是一家餐馆，他们分别扮演顾客与服务员。诺姆是顾客，约阿夫是服务员，他们的朋友是餐馆的老板。此时，诺姆（顾客）站在房间门口，约阿夫（服务员）则坐在那里看着他，他们的朋友（老板）以一种批评的语气告诉约阿夫：

"过去问问他要不要进来！别等着顾客自己送上门来，你得主动问他！"

我恰好看到了这一幕，觉得很好笑。同时我也觉得很惊讶，因为他们的那个朋友才这么小，就了解这么实用且基本的技能，还能如此自如地把它们展示出来，实在太难得了。这些技能就是：

- 掌握主动权。
- 激励他人采取行动。
- 领导并主持对话。

不要等着你的顾客自己走进来，要主动拉客，因为可能有很多顾客在门口看一眼就走了。

这对孩子们来说易如反掌，但对成年人来说却十分复杂。随着我们年龄的增长，我们会越来越好面子，简单的事也变得越来越复杂。

人们可能会说:"我不想惹恼顾客""我不想在门口吆喝",等等。

这简直就是胡说八道。说服别人的关键是:掌握主动权。你必须让自己成为说服背后的驱动力,必须激励人们采取行动,引导对话,而不是等待他人做出回应。

"坏"消息是,你必须不断地自我反思、自我纠正,并不断营销、不断重塑自己;好消息是,世界上有明确的公式和工具供你参考。如果你做的时间足够长,掌握了这些技能,就能在客户心中留下良好的口碑。

为什么发起会议可以增加你的收入

我曾经合作过一家公司,其主营业务是为工厂和重工业企业生产产品和零部件,每年的营业额达数亿美元。他们的客户大多是大工厂(如食品公司)的采购经理和制造经理,这些人掌握着决策权。

当时我们为这家公司提供了一系列的服务，包括与推销员一起地推、拜访客户、为员工模拟销售场景、监管客服中心、为销售人员开办研讨会、为CEO提供战略咨询等。此外，我们还需要在不增加营销费用的前提下，以全新的、创造性的方法增加其收入。

当时我们提出的第一个想法是——约客户在公司的办公室会面。

该公司有一个非常有趣的培训室，说是"礼品店"也不为过。房间装修得富丽堂皇，在里面你还能看到零部件的生产过程。但是，这个房间大部分时间都是空着的，一般只有中午的时候员工才会进去吃饭。我们向该公司的经理提出了以下建议：

"邀请你们最好的50个客户，进行为期一天的参观和培训。这50个客户包括：与你关系最密切的公司的联系人，以及为你带来最多利润的公司的代表。具体的活动有：带他们参观工厂和生产车间，向他们介绍你们的工作方式；请他们在你们漂亮的新培训室里一起吃点东西，互相介绍一下。CEO可以简单讲两句，副总也要就行业现状说上几句。"

从我们的角度来看，这是一个很正常的想法，而且我们的许多客户也成功地将这种想法付诸实践。但这对他们来说却是不切实际的，不亚于一场革命。所以，他们在一开始便进行了强烈的抵制。

我们问他们:"你们有多少客户参观过你们的工厂或去过你们的办公室?"他们的回答令我震惊不已:"从来没有。"

其实,主动发起客户会议可以增加收益。

为什么呢?

第一,这是一个与客户互动的大好机会,你只需要简单地说一句"我想邀请你参加一个活动",不用说"我已经把报价单发给你们了,你们考虑得怎么样了?"之类的话。虽然这么说很常见,但确实挺烦人的。

第二,如果你给50个客户打了电话,却只来了15~20个人,也不必气馁,即使他们没来,也会对你的邀请颇为赞赏,因为他们知道你心里想着他们。

第三,那15~20个到场的客户来自不同的行业和领域,关于你公司的信息,他们是不了解的,如你的专业知识、你的专业精神、你的客户数量等。

第四,你可以用这个机会请到场的客户向你推荐其他客户,与他们达成更多的交易,同时催一下早该签的协议。

所以,这样的会议对你有百利而无一害。不管从短期还是长期来看,都能增加你的收入。最重要的是,这几乎不需要公司付出任何成本。

工厂是现成的,培训室也是现成的,唯一需要做的就是给客户打电话,为会议准备点食物和饮料。既然这么简单,企业和公司为什么很少这样做呢?

这是因为:首先,他们压根就没想过要这么做,觉得实际操作起来很困难。他们要忙于"生存",没有多余的精力跳出自己的固有思维。其次,他们总是在盲目地追逐下一个客户(其中不乏花大价钱来买联系方式),却很少在现有的客户身上投资。最后,他们不重视自己的无形资产,也不懂得如何把它们变成有形资产。

为什么说你的第一次讲座最容易

目前,我有许多客户都已经开始开展自己的讲座、会议或其他活动。

这并不奇怪,因为这就是他们来找我咨询的原因,我指导他们的第一件事就是:把自己推向舞台的中央,推到听众与客户的面前。

那么在这个过程中，挑战在哪里？——在第一场讲座（或会议）。

我发现我的客户有一个通病，就是担心人们不来参加他们的第一次讲座：人们会不会对我讲的内容不感兴趣？我准备了这么久会不会没有人来？

这种担心给他们带来了很多困扰，有时会阻碍他们前进的步伐。在极端的情况下，他们甚至不敢开始。

我总是告诉他们（现在也要告诉你们）：这种担心总是存在的，每一位艺术家、演讲者、营销人员、举行选举活动的政治家或商业会议的主办方，都会经历。但你的第一次讲座实际是最容易的，因为当你向认识的人推广自己的第一次讲座时，很多人会因为与你的交情而来，会出于好奇而来，也有很多人会因为你的专业而来，这部分人早已迫不及待地想听听你在专业领域的见解。他们基本来自你交际圈的内部或第一、第二圈，即与你最亲近的朋友和你最忠实的客户。

在下一场讲座，你就不得不让第三、第四圈的成员参加了，包括那些根本不认识你的人。这才是更具挑战性的，所以第二、第三和第四场讲座远比第一场难推广。

我想说的很简单：千里之行，始于足下。

为你的第一场讲座设定一个日期，标记好日历，向全世界广而告之。

当下是一个数字化、全球化的时代,也是一个充满竞争的时代,你必须尽可能让全世界听到你的声音。

"我不喜欢向听众推销,那让我觉得不舒服"

几年前,我去伦敦参加一场由一位十分资深、享誉国际的讲师举办的讲座,为期两天。那场讲座相当私密,大约有80名来自欧洲各地的商业人士参加。讲师来自美国,他非常有魅力,幽默风趣,让我学到了很多重要的商业见解。

他每年都会来伦敦两次,一次待两周。在那期间,他每天给不同的听众开讲座(我们收到的小册子上有这些信息,大厅入口处的告示牌和条幅上也有)。我一般会在讲座结束的时候出售产品或后续服务,所以我猜想他也会这么做,毕竟我俩算是同行,我其实有点好奇他会怎么做。

随着讲座进入最后1小时,内容能量爆棚、干货满满,现场的氛围也被推向高潮,讲师还跟听众进行了不少互动。

我确信这一切都是在为推销做铺垫。

但令我惊讶的是,讲师突然结束了讲座!恰恰在听众情绪高涨、起立欢呼的时候结束了!他只是说:"非常感谢!祝你们好运!"

就这样结束了,观众也很快就离开了。我很惊讶——为什么他没有推销任何东西?现在观众的情绪这么高涨,哪怕是告诉他们后续还有什么活动也行啊!不管怎么说,讲座都可以算是最重要的销售平台了!

我没忍住,讲座结束后,我走到他面前,问他为什么不向我们推销他在伦敦的下一场讲座。

他的回答令我十分震惊。

"我不喜欢向听众推销,感觉不太舒服,过去也这么做过,但是听众的反响不太好……""人们不喜欢讲师在台上推销……""他们都已经认识我了,我不推销他们也会来的。""只要他们想来,总能找到办法报名的……"

尽管谈话很愉快,我们也聊了挺久,但我对他的观点却不敢苟同。我能想到的他不推销的唯一理由是,他可能不像以前那么"饥饿"了。因为这位讲师早已年过七旬,从业超过40年,早就在世界各地开展过许多活动,赚得盆满钵满。他根本不在乎有几个人来听他的讲座,60、80、100,对他来说只是个数字而已。否则,我这个热情的听众实在想不明白他为什么不在台上推销,也没有发出任何行动号召。

我心想:好吧,人各有志。只有他自己知道自己想要什么。但随后,有趣的事情发生了。

在我离开伦敦的前两天,我收到他的团队发来的电子邮件。在邮件中,他们感谢我参加这次讲座,并向我发出参加下一场讲座的邀请。这是一封正式的销售邮件,里面包含购票链接等一系列内容。在接下来的日子里,我每天都会收到一封这样的邮件。他们还给我打过一次电话,询问我对上一场讲座感觉如何。

直到今天,我每隔几个月还会接到他们的电话。邮件也是隔几个星期就发一次,不过大多都是销售邮件,没什么价值。

我真的很迷惑,甚至对他非常失望。因为在我看来,这是个错误的商业模式。如果我对讲座非常满意,但他不想再推销下一步活动,那我勉强可以理解。但是,当时是他自己主动放弃一些客户的,还说犯不上为了推销而惹恼所有人,现在又想用这种方法留住这部分客户,这不是自相矛盾吗?

我觉得,比起在讲座期间花5~10分钟推销一下后续产品,这种方式要麻烦、恼人得多。更重要的是,这对讲师来说效率实在太低了!因为在讲座进行的过程中,听众的注意力是最集中的。讲座期间听众是充满活力的，气氛是欢乐的。他们是享受的状态，对讲师充满了敬意——这是进行销售的绝佳时机。更重要的是，听众就在现场，如果那时候讲师请求客户留下，他们会非常愿意并参加后面的讲座。

我收到电子邮件的时候已经回国了，已经回到了日常生活中，有自己的事要忙，此时你再想激励我采取行动就难了。我很赞成给客户打电话，发电子邮件、信件等，但那只能作为一种补充性的营销工具。

总之，最好的营销方式是与人们面对面，近距离接触。让他们听你讲话，最好引导他们向你提问。只有这样，你才能获得最高的转化率。你越是站在舞台中央——听众面前、客户面前，你的品牌就越有名，专业权威性就越强，收益也就越高。

以色列国防军总参谋长为何禁止在调查和简报中使用PPT

2005年，以色列国防军总参谋长向整个军事指挥系统下达了这样一条命令：除了少数高级论坛和一些特殊情况外，禁止在简报和调查汇报中使用PPT。

他为什么要下达这条命令？

因为在以色列军队中有一种习惯：士兵和指挥官们会精心制作PPT，包含各种各样的"艺术效果"（色彩、动画、图像、线条等），以至于实质内容都被不必要的花哨形式所掩盖，他认为这是不可接受的。我也这么认为。

简报的目的是什么？

是给听你讲话的人传达信息，确保他们明白其核心意思。

调查汇报的目的又是什么呢？

是对教训和结论进行学习和内化，以求在未来更顺利地开展工作，避免再犯过去的错误。

所以，重要的是实质内容。

但是如果你在准备简报或调查汇报时，把注意力都放在了PPT的质量上，那便成了"形式为主，内容为辅"。

重要的是讲PPT的人，而不是PPT本身。

当人们急切地想要阅读你的文稿，却被动画和跳动的图像"轰炸"时，他们还能理解其中的信息吗？

不仅如此，这种做法会大大拉低自己在听众心中的形象。听众会认为你这个人不太专业，讲的东西没什么实质性内容，也没什么趣味。

这就是为什么演讲中需要包含关键信息，也是为什么你需要将自己打造成演讲的中心。

讲座办砸时，应该如何补救

公共演讲领域有句俗话：一场讲座办得再好，也好不过上一场。就是说，听众会把你的上一场讲座当作标杆，以此来判断你的下一场讲座是更好还是更差。

如果是更差：你举办了一场由四个小节组成的讲座。前三节你的表现非常好，与会者也都非常喜欢，但第四节的表现非常差。由于这是最后一小节，与会者会把对第四节的感受"带回家"，于是，他们对整场讲座的感受就只剩下了差。没错，就是这样，人们的记忆很短。听众的要求很高，有时候你甚至会觉得他们很难伺候。

如果是更好：你刚刚办了一场不太好的讲座。但紧接着，你又在另一个地方重新办了一场很成功的讲座。这是你重新来过的机会，给新的听众带来了一次"全新的体验"。

顺便说一下：无论是谁办讲座，每隔几场都会出现一场不那么好的讲座。

有些可能不是你自身的原因，比如听众对主题不感兴趣，或者他刚刚有过一段不愉快的经历；也有可能是你自己的原因，比如疲惫、精力不足、在讲座前接到让你心情不好的电话。

演讲者是优秀还是平庸，主要体现在两个方面。

第一，你表现不好的频率。优秀的演讲者，大约只有5%的讲座不那么精彩；较好的演讲者，约有20%的讲座不是很好；而平庸的演讲者，这一比例会飙升至约50%（每两场中就有一场）。我们都是普通人，都有状态不佳的时候，但你需要尽量避免此类情况的发生。

第二，在讲座办砸时如何进行救场。根据我的经验，最好的补救方法是尽快再办一场讲座。可能你的日程比较满，比如，有时候我一天要给不同的听众办三次讲座，这种情况确实没办法。但其他时候，你要为自己创造条件。

从专业的角度来看，对你来说，最重要的是总结经验教训，迅速调整状态回到正轨。这样，你就不会沉浸在把讲座办砸的郁闷当中了。

为什么小儿子的说服能力比大儿子更强

我有两个可爱的儿子,大儿子诺姆和小儿子约阿夫。他们都很可爱、有趣、精力充沛,还有点调皮。但我注意到一个有趣的现象:约阿夫比他的哥哥诺姆有更强的说服能力。

约阿夫比他哥哥更善于"操纵"周围的人,而且十分容易得手。他懂得如何"察言观色",所以跟别人相处起来十分容易。

如果我是说服技巧领域的"博士",诺姆是"博士后",那么约阿夫绝对是当之无愧的"教授"。

为什么我的小儿子更有能力说服别人,知道如何更好地与人沟通?深思熟虑之后,我得出了结论:他不得不这样做!

小儿子出生时的生活情况和大儿子完全不同。

我的第一个孩子不费吹灰之力就得到了周围所有人的关注。但是小儿子出生时,大儿子已经吸引走了周围人的大部分关注。他不得不努力,不得不尽力争取得到关注,所以,他不得不学习并适应这样的生活环境,这对他来说是十分具有挑战性的。

我的大儿子仍然待在他的"舒适区",需要被"叫醒",

他没有意识到生活环境已经改变，需要他主动去适应。

换句话说，小儿子成功的关键是——"饥饿"。这对他来说并不容易，他需要付出许多努力才能获得他想要的东西。

成年人的世界也是如此。为了成功，不管在商业领域还是在个人生活中，你都要有一种无比渴望成功的感觉。你要付出努力，要保持"饥饿感"，要明白天上不会掉馅饼。你不能依靠困境、糟糕的财务状况等外部因素给你动力，而是要从内部产生这种"饥饿感"——一种使你要大步向前走的内在动力。

任何年龄段的人都是如此。事实上，成年人的经历与孩子们的经历很相似。因为到了45岁，如果你辞职或被解雇，退休或被迫退休，就会发现原来"外面这么冷"。这时的你就加入了"发送简历世界锦标赛"。你成为发简历的一方，不是收简历的一方。

这时候你会有什么情绪？可能会伤心，会生气，会把你的家人和孩子连同你的账户余额一起拖下水。但如果你渴望成功，就能掌握自己的命运。即使有些条件对你来说是不利的，你也可以把劣势转变为优势。

我的工作包括两种服务：一是为客户准备面试；二是在公共部门做招标。在工作中，我很惊讶地看到人们因为自己的年龄而失去希望，但其实年龄根本不会造成什么问题。

一个刚毕业的年轻人对我说："他们为什么要雇用我？我才刚毕业，在这个领域没什么经验。照常理来说，他们应该喜欢有经验的人才对啊。"

而另一个超过45岁的人对我说："他们为什么要雇用我？我已经很'老'了，而且我的要价更高，市场明明更喜欢那些刚大学毕业的年轻人。"

这都是心态的问题。你必须积极思考，并不断告诉自己：我一定可以成功。如果你认为你的年龄是一个劣势，那就把它变为优势。

年轻的毕业生确实缺乏经验，但他们与时俱进，走在研究领域的最前沿。他们渴望成功，而且他们没有工作过，所以不会被之前的工作"摧毁"。这就是他们需要推销的优势。

部分年长的人确实要的薪资更高，因为他们有丰富的经验。但他们的孩子已经长大，不需要再去学校参加什么活动，因此，他们不会经常请假，会珍惜好不容易得来的工作机会，不会因为其他公司开出更高的工资而迅速跳槽。

如果你渴望成功，并且态度端正，坚持不懈，就没有理由不成功。

关键知识点

把自己推向最前线：

- 如果你想推销某些东西，就必须将自己推向最前线并提供这些东西。
- "积极意义的胆大妄为"——要有为了成功而不惜一切代价的魄力！
- 在数字时代，企业和个人也更重视私人的接触与面对面主动的交谈。
- 向客户"寻求参与"十分重要。你要与他们建立直接联系并发展友好关系；要准确无误地告诉他们你的情况，而不是整天躲在键盘和电话后面。
- 把你的客户转移到转化率更高的平台上。
- 即使是那些只发出了购买信号的客户，也是你要主动出击的目标。
- 打电话的转化率明显高于仅与客户进行文字交流，不管是达成交易还是被客户选择的机会。
- 互惠原则：如果你想让别人为你做点什么，就要先为他们做点什么。
- 主动安排客户在你的公司见面，可以增加你的收益。
- 第一次讲座是最容易的一次。
- 讲座是最好的销售平台。
- 演讲者要以自己为中心，而不是以形式为中心。
- 一场讲座办得再好，也好不过上一场。如果效果不好，就尽快再办一场，这样你才能回到正轨。
- 为了成功，你要有一种无比渴望成功的感觉，要付出努力，要保持"饥饿感"。
- 往好的方面想，要不断暗示自己可以成功。

05

创建不断发展的客户群,
引导他们在你这里消费

如何"引导"客户在你这里消费，而不是在你的竞争对手那里

让我们以一种常见的商品为例：假设你有一家电器商店，出售的电视都是等离子屏电视，同一条街上还有几家店也在出售同样的商品。我是一个顾客，走进了你的商店。你的销售员看我正在打量一台电视，便向我介绍：

"看看这块屏幕的清晰度有多高！图像显示效果简直太棒了，视频流畅度和像素都很高。"（这都是我编的，只是为了举个例子。）

我作为顾客，不是电视屏幕领域的专家，并不了解流畅度、像素等专业名词的含义，也看不出销售人员口中说的清晰度到底有多高。

我问你，如果顾客今天就要买电视，要么从你这里买，要么从你的竞争对手那里买，但他不了解你的电视的优势是什么，那他会考虑什么？——当然是价格。

我可能会想："我并不清楚他介绍的这台电视是否比隔壁那台好，但我确实很看重价格。这家店要300美元，隔壁才200美元，那还是买隔壁那家的吧。"

所以，当顾客不了解你的产品或服务的真正价值时，你就处于价格市场。在这个市场中，你与对手唯一的竞争力就是谁的价格更低。价格市场中的每个人，最终都是输家。显然，你和你的竞争对手都会有所损失。但在我看来，消费者也会有损失，因为这种竞争会导致劣币驱逐良币，市场中的一些"玩家"会给客户提供质量低的产品或服务。

我们再来看看另一种情况。

你还是那家电器商店的老板。有一天，你写了一份免费指南，题为"选择等离子电视屏幕的10条秘密"。你打印了上百份，并把它们分发给每一位进店的顾客。此外，你还把这本指南发布在商店的脸书主页上，又通过电子邮件发给每一位潜在的客户。

这些行动实际操作起来还算比较简单，最多只需要几个工作日。而且这些知识你早就熟烂于心，唯一需要做的就是把它们编辑出来。

有趣的是，现在发生了什么？

第一，你拉开了与其他商店的距离。得益于那份专业的指南，顾客会认定你是一个专家，因为你做了你的竞争对手没有做的事。而且，根据经验来看，一旦你推出了专业的信息产品，你的权威程度就会得到惊人的提升。

第二，你的做法极大地促进了病毒式营销（口碑营销）。这份指南会在你的客户之间不断传播，然后被分享给他们身边的人。在今天的技术条件下，这一点真的很容易做到。他们可以在脸书上分享，也可以通过电子邮件发给有需要的朋友。

第三，你的做法会激励人们到你的店里来。这份指南的每一页，特别是封面和最后一页都有门店的地址、电子邮件和电话号码，人们知道到哪里可以找到你。

第四，也是最重要的一点，你在"引导你的顾客"。比如，你的相对优势是等离子屏幕的高清晰度，那这份指南中的第一条秘密你可能会这么写：选电视时，要考虑的首要因素是清晰度。

你要写一些小贴士和段落，说明如何分辨屏幕清晰度的高低、屏幕的哪个部分最能反映图像的质量等。这样顾客就对如何分辨屏幕清晰度有了一定的了解，也会更好地理解销售人员的专业解释。

顾客只有在知道了自己能从你那里获得什么价值后，才会选择从你那里消费。这样你才能形成自己的优势，打败竞争对手。不仅如此，就算你的售价比竞争对手高，顾客还是会选择在你店里购买。因为这份指南会将你定位到价值市场，而不是价格市场。这些顾客会成为你忠诚的"宣传大使"，会记住你，并感谢你不辞辛苦地教给他们知识。

我知道，你可能不相信我说的话，因为许多人抱有和你一样的想法。我和不少知名的电子产品连锁店有过合作，经常参加他们内部的会议。每次我和他们解释为什么要这么做，他们都会有如下反应：

"我们店不这么做。顾客来了，销售员就给顾客介绍，然后再让顾客自己决定买还是不买。""我们的客户群体不一样，在我们这一行，价格为王。""你说的那些可能适用于别的行业，在我们这行业不行。"

他们说的不对！

引导客户是目前市场营销领域的主要趋势之一，它是当今所有行业和市场的突出特点。

你想在价值市场中享受专业的认可，拿到高价，还是在价格市场中不断跟竞争对手比被压低的价格？

如何"引导"人们去跑步

在这个内容为王的时代，每一种产品或服务都可以且应该以其专业、优质的内容为卖点。尤其在你想把自己定义为专家的时候，更应该这样做。

有些回头客不仅会自己消费，还会拉动朋友熟人一起消费，写下消费体验。遇到这种客户，你要第一时间向他们介绍你的产品或服务的出彩部分，这样你就能建立一个忠诚的客户社群。

专业、优质的内容是促进病毒式营销的最佳方式：信息被口口相传，成为人们茶余饭后的谈资。我会为来找我咨询的每一家公司提供这样的建议：无论你身处什么行业（银行、保险公司、制药公司、加工厂等），都要尽可能以各种方式发布行业内的专业内容，包括但不仅限于开讲座、在社交网络上定期发帖、开设博客、更新公司网站、发表专业文章、给客户写新闻简报、为重要客户准备演示文稿等。他们总是质疑我："这不适合我们公司""这不适用于我们这行""我们的客户不吃这套"，等等。这时候，我就会搬出一些来自不同领域的成功案例。

一个很好的例子是马拉松比赛。

每年，世界各地的一些大城市——纽约、悉尼、柏林、特拉维夫，都会与赞助商和制作公司一起，举办赛程不一的马拉松比赛，吸引数万人报名参加。

参赛者需要注册、付款、领取装备（包括号码牌、运动衫和其他各种物品），然后在比赛当天准时到场。那是非常不错的体验（我参加过几十场那样的比赛），可以说是一场盛大的聚会，有很棒的服务，绝对是一件乐事。

不过有件事我很好奇：举办方是如何做到每年吸引这么多人重新付费报名，并让他们准时出现在赛场上的呢？又是如何促使已经报名的人把赛事推荐给朋友，让他们一起参赛的呢？

答案与病毒式营销有关。

举办方不会什么都不做，等着人们去告诉他们的朋友，而是把"人们的嘴"变成助力，加速宣传的过程。具体的做法是：他们每年都会从营销的角度"重塑自我"，利用各种噱头进行大规模的病毒式营销。多年来，他们一直使用的一个十分重要的营销工具就是讲座。

讲座与马拉松有什么关系？

很简单，讲座的重点是体育、健康、饮食、健身等领域，会参加比赛的人本身可能就对这些主题很感兴趣。

讲座在何地举行？

在举办比赛的城市，选手领取比赛装备的地方。参赛者必须在指定的日期到场领取装备，否则将无法在比赛当天进入准备区。所以，举办方就在领取装备的地点举办一系列的讲座，公众可以免费入场，主题包括"如何正确饮食""如何准备长跑比赛""如何在各年龄段保持身材"等。

从"引导客户"的角度来看，这样的讲座有什么好处？

第一，举办方为参赛者提供了良好的客户体验，让参赛者感受到了来自他们的关心。

第二，参赛者对讲座感兴趣，会分享讲座的消息给朋友，带朋友来听，这样就会进一步吸引听众参加比赛。

第三，也是最重要的一点，抛开营销不谈，如果一个参赛者能把从讲座中学到的知识应用在生活中，那他对举办方来说就是一个优质的顾客。因为他更有可能照顾好自己的身体，以正确的方式准备比赛。这样的参赛者在比赛中受伤的风险要低得多，很少会出现肌肉拉伤和脱水晕倒的情况，也更有可能享受比赛，取得好的结果，并拥有好的比赛体验。另外，举办方每年开办讲座都能接触到市场教育、病毒式营销、"活跃客户群""营销热潮"等一系列专业术语，这些术语可以"转化"为更多的收入、更多的参赛者、更高的曝光度和更大的品牌效应。

如何对待一个尚未"成熟"到愿意与你合作的客户

假设我在开车,突然接到一个电话,对方对我的讲座、研讨会和咨询服务很感兴趣,想让我给她的公司办几场。我和她谈了几分钟,了解到她公司的一些基本信息,又交代了一些合作的具体细节。最后她说"好的,明白了,我和合伙人商量一下"或"我先和领导谈谈,然后再给你答复",抑或"我们再看看吧""过几天我再打给你",等等。

谈话在合作未达成的情况下结束。现在,主动权似乎在对方手中,要想达成合作,我只能等着她给我回复。

为什么主动权是"似乎"在对方手中,而不是"完全"在对方手中?

因为在谈话快结束的时候,我做了一件小事,要到了她的电子邮箱和一些其他的信息。如果她是用公司的座机或不能识别的号码打过来的，我还会要求她提供她的全名、手机号码和公司名称。

所以，我得到了所有需要的联系方式，还掌握了主动权。

那我接下来该做什么？

首先，登记对话，将她的详细资料上传到我的CRM（客户关系管理）系统中，然后再将她的联系方式添加到我的邮件列表中。最后，发送"零号邮件"（也就是一系列邮件中的第一封），并附上我写的指南。这一系列操作完成后，她每周都会收到我的一封邮件，里面附有有价值的信息，以及我的行动号召。

这样做的结果是什么？邮件列表的重要性是什么？

我能一直被客户记在心里。和其他人完全不同，我在把自己打造成一个专家。

如果她在联系我的同时还联系了其他三四家供应商，那么在她研究各种建议的时候，我就成为唯一一个"优雅地"给她回信的人。

如果她没有回复我，我确实可以像其他人一样开始做"烦人的"后续工作。在几天后给她打电话说："你好，我是亚尼夫，我们之前聊过的，你那边考虑得怎么样啦？"过几天再给她打："我下个月的日程安排得很满，咱们还能合作吗？"然后到了某个节日，我再给她打个电话祝她节日快乐。

这样做很累、很烦，还会对客户造成过度打扰。最重要的一点是，没有效果。所以这时候，邮件列表就应该发挥它真正的作用了：将有意向的客户和尚未"成熟"的客户区分开来。前者大概率会在当天付款，他们是每个企业的目标。

如果是"成熟"的客户，那么他们会在第一次通电话或几天后就与我达成合作。如果是尚未"成熟"的客户，不了解我，也没有意识到自己的需求和问题，那么他们就将开始长期收到我发送的材料和信息。

他们今天没"成熟"，再过一个月、两个月，他们可能还没有"成熟"。但再过六个月，当他们迫切需要商业咨询、导师指导、专业课程、专题研讨会或仅仅是需要书籍作为礼物送给员工时，会找谁呢？

可能会上谷歌随便搜一个，也可能会重新找一家供应商，但更有可能注意到长期以来一直在给他们写信的专家，然后发一封回信。

这位专家，就是我。这就是邮件列表的真正作用。

引导客户和不懈坚持是非常重要的。写几封邮件然后就消失，成不了什么事。想成事，就必须与你的客户保持联系。

这种做法让我受益良多。比如，就在写这本书的前几周，我为一家知名制药公司的经理举办了一场研讨会，帮助他们会见媒体和由议会成员及卫生部官员组成的委员会。

我很好奇他们是怎么找到我的，后来发现，原来在过去的5年中，这家制药公司的副总裁一直在阅读我的邮件。5年来，我一直没有注意到她的存在，也从未收到她公司的电子邮件，但当这家公司需要我的服务时，合作便发生了。也许，这样的客户并不少，他们甚至在阅读这本书。此刻，他们如同正在被"小火炖着"。

客户离开你的首要原因是什么

假设客户对我们的产品和服务都很满意，什么还会让他们选择离开我们呢？

如果一个员工从未被投诉，为什么还会被无情解雇？

为什么一个账户余额为零的人，会首先退掉健身卡和孩子的兴趣班，而不是卖掉自己的手机和电视？

答案取决于产品或服务在人们心中的重要性。

产品和服务大致可以分为两类：刚需和非刚需。

换句话说，刚需是绝对要拥有的；非刚需是用来提高生活的幸福感的，不是绝对要拥有的。

当然，这并不是一个准确的分类，我们都有一些认为必要的产品或服务，即使不是刚需。而另一方面，我们可能很想拥有一些产品或服务，但因为没有足够的时间、金钱和精力，不得不放弃一些必要的东西才能拥有它们，所以这些必要的东西就变成我们所缺乏的了。

此外，有一点我必须指明，有些刚需品并不真的必要。研究表明，我们日常大部分的开支，都花在了25年前还不存在的产品和服务上。

在25年或30年前，世界上还没有互联网，没有手机，没有等离子屏电视。不仅如此，我们今天看到的大多数食品、交通工具和服装品牌也还不存在。不管你信不信，没有这些东西，我们一样能过得很好！

如今的人们都认为手机和互联网是刚需，他们甚至不能想象没有手机和互联网的日子，给他们再多钱，他们也不愿意回到没有这些东西的年代。这并不是因为他们离开这些东西就活不下去，而是因为他们已经习惯了这些东西的存在，习惯了这些东西带来的好处，已经上瘾了。还有就是人们一直在被不断地推销这些东西，而且那种推销方式非常有效。

因此，如果有客户说因为没钱放弃或中断合作，你基本可以确定他是在撒谎。说预算不足也是同样的道理。他们有的是钱，而且他们一直在花钱。但钱被花在了他们认为更重要的事情上，花在了他们认为更重要的人身上，而你不属于他们的刚需。

解决的办法是什么？

把你的产品或服务（或你自己）变成对客户来说绝对必要的刚需。你需要更详细地介绍你的工作、你的产品或服务，多跟客户谈好处。向他们解释不与你合作的"代价"，让他们明白，只有你才能让他们在个人的专业领域及商业层面有更大的进步。至于具体是哪个层面的进步，取决于你所提供的产品或服务的类型。

谁是你的理想客户　如何"解雇"不理想的客户

企业和销售人员经常犯的最大错误之一，就是不加甄别客户。具体表现在只要客户来找，就生怕他们跑掉；只要有人咨询，就满脑子都是买卖；只要有人主动联系，就上赶着去服务——处于被动地位，不去主动选择跟怎样的客户群体合作，任何主动联系他们的人、任何有购买意向的人，全是他们的合作对象。

最终，他们会发现自己的合作客户并不那么理想，甚至在合作之前就消耗了他们大量的精力和资源，给他们造成经济上的损失。还有那些不"成熟"的、不相关的客户，不仅使销售人员和服务提供者感到十分不安，还使他们"陷入疯狂"。

正确的工作方式应该是集中精力，积极行动，迅速确定合作对象和目标受众，确定营销和销售的靶向客户，然后开始主动营销。

在过去的20年里，我一直在宣扬一种观点：与其让客户选择你，不如你去选择客户。

- 不要因为没有选择而去和你眼中的劣质客户合作，你应该只与那些优质客户合作。
- 与其只与接近你的客户打交道，不如直接和关注你的营销资源（时间、金钱和精力有限）、真正想与你合作的人合作。
- 不要在不"成熟"、不合适的客户身上浪费时间。要明确你的目标人群，发掘潜在客户，把时间留给他们，获得更多的合作机会。

- 至于那些难伺候的、随时会流失的客户——可以直接"解雇"他们。是的，你没听错，"解雇"你的劣质客户。停止向他们出售产品与服务，就算他们仍然想与你合作，你也可以果断拒绝。

一个劣质客户有可能会带来一群劣质客户，他们会持续消耗你的营销资源。那么，什么是优质客户，什么是劣质客户？判断标准是什么？答案因企业而异，因人而异，也因领域而异。

这里有两个关于客户的重要测试：乐趣测试和金钱测试。

先说乐趣测试：无论你从事何领域的何种工作，是受薪员工还是自由职业者，是服务提供者还是产品销售员，好的感觉都是非常重要的。也就是说，你在早上起床的时候能够感觉心情很愉悦，觉得同事们很招人喜爱。

这个世界并不完美，所以我们必须掌控自己的人生，主动选择自己的工作和事业，选择与谁一起工作。但所有人的时间、金钱和精力都是有限的，我们不能把自己的资源都浪费在那些空耗我们精力的客户身上。他们会耗尽我们所有的积极性和乐观精神，甚至导致我们想转行。这个时候，乐趣测试就显得尤为重要。

乐趣测试也叫电话测试，它可以帮助你区分客户对你或你的企业是否有利。这个测试非常简单，只需要考察一点：当客户给你打电话，你看到手机屏幕上他们的名字时，心里是什么感受。

如果你觉得很高兴，甚至有一种欣喜的感觉，那他就是优质客户。你会想："他能打电话来真好。"接起电话后你甚至想对他说："我正想给你打个电话，问问你在活动中玩得开不开心呢"（你对我们的方案是否满意），或者"我们有很长一段时间没联系了"。

如果你立刻感到很愤怒，一下子丧失了精力和耐心，既紧张又沮丧，这就是个劣质客户。你心想："怎么又是他？昨天不是都谈过了吗？""他又想干什么？"你甚至想说："这个'扫把星'怎么又来了……"

如你所见，生活真的很简单，只是我们把它复杂化了。

第二个测试是金钱测试。

帕累托法则，也被称为"80/20法则"，是经济学中最著名的法则之一。此处，我们需要用到其中的两个内容：一是20%的客户会给企业带来80%的营收（对任何领域、任何规模的任何业务或公司来说都是如此）。二是20%的客户会占用我们80%的时间和精力。

有趣的是，这两部分人几乎从来都不是同一批人。对企业有利的客户是给企业带来80%营收的那20%，他们通常对价格争议较少，更喜欢你的服务，会按时付款，会为你带来其他客户，还会向别人举荐你。

不利于企业发展的客户是浪费你大部分时间和精力的那20%，他们可能会耗尽你的每一分钱，直到交易完成，还会对你的专业建议指手画脚，整天愤世嫉俗，有的在付款的时候还总爱搞些"幺蛾子"。

这两种客户我们都会遇到。在日常工作中，你会把大部分时间和注意力都放在哪一种客户身上？

不幸的是，我们往往会在劣质客户身上花费更多的时间、精力和努力。尽管他们对我们的业务开展非常不利（对我们的健康和快乐可能也非常不利），但我们确实在他们身上浪费了更多资源。相反，我们对优质客户却几乎没投入什么。如果一个客户按时付款，我们通常不会对他有什么感激之情，甚至会觉得这是理所应当的；但如果一个客户迟迟不付款，我们就会开始"追"他，甚至会出动整个办公室的人参与收债，一次又一次地与他见面，只是为了让他赶紧付款。

如果一个客户总是带着微笑接受我们的产品或服务，在大多数情况下，我们不会刻意对他说什么奉承话；但如果一个客户当着其他客户的面大吵大闹，满腹牢骚，那我们便可能把所有注意力都集中在该客户身上。他会得到我们更多的关注和服务，尽管他获得这些的手段是消极的。

如果一个客户几乎不讨价还价，很爽快地达成了交易，我们通常会向他索要一些额外费用；但如果一个客户就价格问题争论不休，我们可能会反复和他沟通，降低报价，免掉额外费用。最糟糕的是——我们会给他打折，因为他可能会把我们"逼疯"。

我们对这两种客户的投入与我们的意愿相反，实际上应该更多地投资于优质客户——给他们提供优惠，赞美他们，送他们一些赠品。

如何对待你的劣质客户？我的答案是，"解雇"他们！对，停止与他们合作。即使他们愿意并准备继续与你合作，已经准备向你付款。这似乎不符合逻辑，与你在经济学院和创业中心所学到的知识是矛盾的。但劣质客户往往只会消耗你的精力、时间和金钱，他们中大多数的典型特征是给你的报酬很少，付款的周期却很长。这不仅影响你的健康，还可能让你失去其他客户。因此，你必须尽快让他们离开。

那么，"解雇"他们的正确方式是什么？如何才能在不伤害他们自尊心的前提下，将合作完美终止，并给自己留条后路？

　　有两种方法，其共同点是让客户主动退出。我们不主动"解雇"他们，只是用一些方法，让他们不得不退出。

　　第一种方法是"条件恶化"。

　　我们假设你一直纵容客户随时随地都可以给你打电话，不管白天黑夜，你总是有求必应。客户会觉得你这种服务很好，很快习惯这种模式，不会对你的服务有任何感激之情。而且大多数时候，他们还会抱怨，并占用你大量的时间。

　　在这种情况下，你需要向他们提出一些新条件，如"从现在开始，我只在工作日的上午8点到下午5点提供服务"，并且严格遵守这句话。如果客户在你要求的时间之外打电话试探你，不要接，只在说好的时间内给他们回复。

　　之后可能会出现两种情况：一是客户听了你的话，只在说好的时间内给你打电话（如果这是他们唯一困扰你的毛病，你的问题就解决了）；二是客户会抱怨，会要求你继续提供24小时不间断的服务，不接受你的新条件。第二种情况发生时，你要拿出强硬的态度，无论如何都不打破自己的原则，绝不再像之前一样，他们可能就会自己"退出"。

　　还有一个"条件恶化"的例子。比如，你和一家公司合作，对方在你完成项目的两个月后才打款。显然，这对你的业务和资金流转都非常不利。这是对方的惯用套路，他们会说"事情本来就是这样的""我们的条款就是这样的"。

这时你要向他们的代表说明，从现在开始，你的条款已经发生改变，你要求在工作完成后立即收到打款，或付款时间不超过工作完成后的一个月，等等。这个代表可以是购买者、市场部，可以是任何人，你和谁对接财务问题，你就找谁。

第二种方法是提高价格。

如果你不想跟某个客户合作，就给他提高价格吧。我说的不是增加20%这种程度，而是300%或400%。是的，你没听错，提高至原价的3～4倍。客户基本不可能接受这么离谱的价格。如果他同意的话，好像也没有多坏……

最有可能发生的情况是：他拒绝支付你的高价，然后自己退出。他还会把你提高价格这件事广而告之，从而为你创造良好的病毒式营销。因为任何相信你收费这么高的客户，都会觉得你有实力敢要这么高的价格。

总之，为了在工作和生活中取得成功，你必须集中精力——在营销、服务以及引导对你有贡献并能为你带来利润的客户身上。避免浪费精力在只会给你带来经济损失的劣质客户身上。

一个识别优质客户和劣质客户的技巧

前面我们说过，优质客户会为你带来80%的营收。那么，具体是什么样的人可以为你带来这么多营收呢？让我们和会计一起查看业务明细和公司的财务报表吧。在一个特定的时间段，比如一年、两年，列出这段时间内的所有活跃客户，并计算他们在这段时间为你的公司带来的营收。

你会惊讶地发现，在过去几年里，那些你经常打交道的客户，实际上可能并没有为你带来多少营收。

现在，我们把乐趣测试加进去。在每个客户的名字后面写下他让你花费的时间和精力，你肯定会发现以下情况：

第一，有很多犹豫不决的客户，他们耗费了你大量的时间和精力，却很少购买你的产品和服务。

第二，有些客户几乎从来没有和你合作过，或者合作只有寥寥几次，且都是小数额，但这并不妨碍他们把你"逼疯"。直到今天，他们可能还会不断地叨扰你，而且什么都不买。

第三，有这样几个非常优质的客户，他们为你的公司带来了大量营收，却几乎没占用你多少时间。你非常喜欢与他们合作，却没有在他们身上投入足够的时间和精力。

现在，你知道哪些是你的优质客户了（为你创造了80%营收的那20%），你要在他们身上投入更多的时间，培养感情，给他们打打电话，发一些专业材料，请他们介绍自己的朋友。他们很有可能也愿意为你带来更多像他们一样的"好"客户，因为他们相信他人也可以从你的产品和服务中受益。

为什么好客户能为你引来更多的好客户？很简单：物以类聚，人以群分。

企业CEO或高管的通讯录里当然有其他企业的CEO。同样的道理，出租车司机的通讯录里会有很多其他的出租车司机，而政治家的通讯录里则会有许多政治家、政治顾问或其他同领域的人。

人们喜欢跟自己相似的人交往，他们赚的钱差不多，从事的职业差不多，生活环境差不多，家庭情况也差不多。

慷慨的客户和吝啬的客户不太可能成为朋友（我把那些总是讨价还价的吝啬客户，和那些不拿折扣誓不罢休的客户统称为"优惠券客户"），因为他们合不来。他们不太可能去同样的地方度假，或者同样的餐馆吃饭，即使一起去了——吝啬的客户一定会觉得很糟，因为吝啬的客户会嫉妒，慷慨的客户会失望。慷慨的客户会和其他慷慨的人成为朋友，吝啬的客户则会与其他"吝啬鬼"成为朋友。

优质客户可能认识很多跟他们一样的好客户，你要敢于请他们为你引荐。这是一个在较短时间内获得大量潜在的优质客户的绝佳方法。对于劣质客户，你要重新引导他们，减少关注，对其设定明确的界限。在某些情况下，你也可以直接"解雇"他们（果断终止合作，拒绝答复）。这实施起来并不容易，但你必须这么做。因为这对你的公司、你的营收，甚至你的心情都至关重要。把宝贵的时间和精力浪费在劣质客户身上，不仅会大大消耗本可以用于优质客户的时间和精力，还可能会对你自己和公司造成巨大的损失。

申请银行或政府贷款时，你必须做什么

2014年，我协助一位客户从政府基金申请了贷款。

这不是一件简单的事。

第一，她需要填写许多表格，回答许多问题，并与政府

基金的代表会面。

第二，她需要与银行经理会面。

第三，她需要在贷款及支持委员会面前进行陈述。委员会包含所有的相关方：银行、基金和财政部的代表，他们拥有批准贷款的决定权。

这是她需要走的全部流程。现在我来说说其中的关键。

在流程的第一步，她必须填写许多表格。过去会要求贷款申请人提交一份经营综合报告（一般只有一两页，用于描述先前的经营状况）和一份商业计划书（财务预测），以及一些具体信息，包括地址、贷款人毕业年份等。现在，我发现表格中增加了一些非常有趣的问题。

除了之前的那些材料外，表格中还要求贷款申请人提交更多具体的关于营销的信息。下面是几个例子（我是在帮她制定答案的过程中记下来的）：

- 列出五个你用于推广业务的营销渠道。
- 你在收到贷款后会开展哪些营销活动？
- 通过这些活动，你每个月会积累多少新客户？

这些都是十分相关且重要的问题。我希望所有的老板都能在公司成立的时候问问自己这些问题，但大多数老板都更专注于他们的产品或服务，而不关注他们的营销，也从来没有想过这些问题。

银行和基金为什么提出这些问题？

因为他们知道，你既然来贷款了，要么没有资产，要么企业正在亏损，资金不足。这意味着，如果他们只是痛快地给你钱而不问问题，就无法引发你在营销策略方面的思考，那你的经营状况就可能不会有什么改善，他们只会为你争取更多的时间来谋生或维持你的生意，你迟早会再次耗尽资金，并来申请更多的贷款——因为你并没有通过创收来挽救企业。相反，你一直在借钱，一直在不断侵蚀你的资本。银行和基金会迫使你考虑营销问题，迫使你对营销进行创新。

他们迫使你找到五个不同的营销渠道，并让你把它们写下来，只有这样你才会意识到问题的重要性。他们想让你知道收到贷款后应该做什么，并思考你能靠自己产生多少资本。

如果不能很好地回答这些问题，那你连审查初步材料的阶段都无法通过，甚至可能连他们的面都见不到。

现在还有两个问题：

第一，在你看来，人们在营销思路上的欠缺和申请贷款之间，是否存在某种联系？我认为有很大的联系。他们之所以会陷入财务困境,需要别人的"恩惠",原因之一就是之前没有考虑那些营销的问题。

第二,不要等到自己走到水深火热、四处借贷、不得不向银行"乞讨"的时候才开始规划你的未来,考虑正确的营销策略和商业模式,那时一切都晚了。如果你从一开始就正确规划你的营销策略,可能就不需要贷款和"恩惠"了。

为什么拉斯维加斯的酒店客房里不会出现《圣经》

几年前,我在美国参加一个会议的时候,顺道去了一趟拉斯维加斯,也就是大名鼎鼎的"罪恶之城"。

强品牌效应有一个非常不可思议的功能,就是为人们提供很多关于生活的见解。如果让我用一个词来概括拉斯维加斯,这个词一定是"泡沫"。

拉斯维加斯百无禁忌,真的百无禁忌。从飞机落地的那一刻起,就会把家人、价值观、薪水全部抛诸脑后,脑子里只剩下一件事——花钱。

你会挥金如土。这金不仅挥在赌博上，食物、表演、商店、纪念品等东西也会花费你大量的金钱。拉斯维加斯什么都有，一应俱全，你时时刻刻都在激励自己花钱。

作为一个咨询顾问，多年来我一直把说服力、信息传播和激励行动作为讲座的主题，但我从未见过所有的营销、销售和说服规则能在一个地方产生如此巨大的影响。

拉斯维加斯给了我很多启示，也引发了我诸多思考。现在，我想谈谈当时我注意到的一件事：在拉斯维加斯，没有任何一家酒店会在客房里放一本《圣经》。

美国的大多数酒店都会在客房的抽屉里放一本《圣经》，和笔记本、小冰箱一样，这是他们服务的一部分，在拉斯维加斯却没有。

有一句精辟的营销口号，充分体现了拉斯维加斯的特点："在拉斯维加斯发生的事，就让它留在拉斯维加斯。"

换句话说，无论你在拉斯维加斯经历了什么，回到家后都最好不要告诉任何人。

我不知道这句口号是谁创造的，但创造它的人绝对是个天才。因为这句口号彻底把拉斯维加斯打造成了一座百无禁忌的城市。

当听到"百无禁忌"这个词时，你可能会联想到脱衣舞娘、赌博等。但事实并非如此,远不止如此。

在美国,公民的所有行为都要受到法律的严格限制。例如,美国的大多数州都禁止人们在公共场所吸烟。这种限制非常严格,以至于吸烟者在很多地方都成了"濒危物种";再如,美国的大多数州都禁止赌博,还有很多州会禁止人们公开带着酒精饮料在街上行走;等等。

但在拉斯维加斯,这些都可以,完全合法。

想赌博?可以,甚至可以说到了那里的赌场后你非赌不可——赌场会想尽一切办法让你赌博!想吸烟?可以,随时随地,酒店大堂和赌场都可以!想喝酒?可以,任何公共场合,想喝就喝!

美国人去了拉斯维加斯,会立马感觉到一股"自由"的气息,一下子从禁忌中解放出来,与平时的自己判若两人。

但是,如果他们在酒店的房间里看到一本《圣经》,会立刻联想到他们的家、他们生活的环境、他们的教堂等,想到他们州的法律,想到什么是被允许的,什么是不被允许的,等等。

在拉斯维加斯,你什么都可以做,这可能就是酒店房间里没有《圣经》的原因……这会引导游客产生一种想法:在拉斯维加斯,你不必做平时的自己。所有这些小细节,糅合成一幅巨大的图景（或说巨大的"泡沫"），那便是所谓的——拉斯维加斯。

为什么"自食"者做不了好商人

20世纪80年代，星巴克决定入驻曼哈顿。

是的，在20世纪的尾声，一家名为星巴克的大型咖啡连锁店，一心要成为美国最大的咖啡连锁店，要在美国最著名和最纸醉金迷的地区之一——纽约的曼哈顿岛消除竞争。简单地说，它的战略就是让曼哈顿的每个街角都出现星巴克的身影。

当时，其竞争对手的连锁店尚未发展到足以称霸的地步。所以，星巴克决定投入巨额资金，占领每个街角。这样一来，无论其竞争对手是谁，都失去了在同一地点开设分店的优势。

这种现象在商业领域中是相当少见的，在经济文献中被称为"自食"。之所以叫"自食"，是因为星巴克的所作所为虽然是为了"扼杀"竞争对手，但同时也在自己的分店之间创造了竞争。

为什么会创造竞争呢？因为新成立的每一家分店都会吞噬之前分店的利润。举个例子：现在，假设有位女性顾客刚经过了一家分店，又走了大概半个街区后，她突然想喝杯星巴克，那她不需要折返，只需要再走一会儿，下一家分店就会出现（因为星巴克在每个街角都开设了分店）。

星巴克之所以斥巨资设立越来越多的分店，是因为它期望以短期的亏损换取长期的潜在利润，并引导顾客产生这样一种想法：在纽约，喝咖啡最便利的地方就是星巴克。

这种"自食"的方法直到今天仍有争议。从商业角度来看"自食"是否有效，不同流派的经济学家有着不同的意见。

我是反对的，原因有三：第一，与竞争思维有关，人们应该先考虑竞争对手，再考虑自己。第二，我坚信人们要有创造性思维。第三，人们要遵循"让客户对你留有期待"的原则。

期待也是引导客户的一部分。我认识一位杰出的企业家，他写了很多本书，想陆续出版。当时，他已经准备好了粗略的草稿，想把三本书打造成有类似主题的"三部曲"，在短时间内相继出版。

我建议他最好能给每本书都留出进驻书店和打动读者的时间，每隔一年或一年半，甚至两年出版一本书。

因为如果他不这样做，就是在"自食"。第一本书出版了，开始进入书店。与此同时，他在自己的客户群、邮件列表、社交网络中发起了全面的营销活动。

一两个月后，第一本书的营销活动可能还没达到顶峰，人们甚至还没来得及购买或阅读第一本书，还没有做出评价，第二本书就出版了，这会使他们感到非常困惑。"困惑的"顾客可能会减少购买。第二本书的销售量就很可能会走低，还会影响到第一本书的销售。我给这位企业家讲了《指环王》电影"三部曲"的例子。

《指环王》的拍摄地在新西兰。出于预算的考虑，这三部电影是在几个月里一起拍摄的。所以，制片人一次就做好了9小时的剪辑片。

他们本可以同时发行三部电影，或每隔几个月发行一部续集。但他们没有这样做，因为他们不想"自食"。

三部电影早已全部准备好，但是他们每隔3年才发行一部。结果粉丝们彻底为之疯狂了。观众在每次观影之后都会产生一种"还想看"的感觉，这样也给每部电影都留出了充足的营销时间——每次发布都有首映礼、营销活动、媒体文章和对演员的采访，等等。

他们最大限度地提高了三部电影的销量，在影迷中创造了热门话题，影迷也耐心等待每部电影，成为他们热情的宣传大使。

为什么我没有去夏令营探望儿子

我的大儿子诺姆参加了童子军的夏令营，他人生中第一次离家三天，但我不需要担心，从他们在"童子军之家"见面开始，一直到出发、到达营地、开展活动、吃饭、晚间活动，都有辅导员全程陪护，并给家长发了照片。

辅导员们每天都会在WhatsApp上的家长群里发送数百张照片，毕竟每个家长都要确保自己孩子的安全。这就是我们这个时代的精神，也是每个人的做法。

在我看来，这非常合理，且有积极意义。同时，我也将辅导员在WhatsApp上的所有更新看成一种营销策略。

第一，报名夏令营费用不低。通过这些实时更新的照片，家长可以看到他们的钱都花在了哪里：孩子被照顾得很好，吃得也不错。

第二，夏令营有一条规则是不允许父母探访，也不允许孩子离开。辅导员发送照片，相当于在管理对话（家长能看到孩子是在享乐还是在吃苦，知道他们的动向，了解他们的状况）。

通过管理对话，辅导员和负责人就不会频繁接到那些焦虑的父母的电话，能避免家长私自来营地了解情况，还能避免来自家长的抱怨和不满，等等。

第三，这三天的营地活动是全年童子军活动的高峰（也是结尾），活动结束后，他们就会立即开始推销下一年的童子军活动。

如果父母和孩子都对活动很满意，就有可能报名参加下一年的活动。因此，让家长们了解孩子的最新情况非常必要，而且这不需要花钱。Whats App信息是免费的，这个年龄段的辅导员都将手机功能了解得十分透彻，发个信息不需要耗费他们太多精力。由于操作都是在活动中完成的，所以也不会占用辅导员的个人时间。最重要的是，这种行为可以引导家长遵守营地的规则。

为什么人们会不断重复同样的活动

你有没有将同一本书读好几遍的经历？我猜应该有。

这样的书在你的一生中可能不止一本。如果是你真正喜爱的书，你可能会反复读上好几遍。好的电影、好的戏剧，你可能会反复观看几十遍。

书还是那本书，字还是那些字，电影也还是原来的剧情。那为什么我们会不厌其烦地去看同一部电影，甚至买票去影院看？

答案是：改变的不是书和电影，而是你。当你再次体验某件事时，会有不同的感受。原因有两个：

第一，有些信息你在第一次已经获得，在第二次体验时，会更专注于那些新的信息，把它们作为第一次的补充。

第二，与上一次相比，你的意识、成熟度和智慧都处在不同的水平，特别是如果距离上次观看、阅读已经过了几个月甚至几年的时候。

我在最近的会议中也注意到一个类似的现象。

在我的每场会议中，都能看到至少几十个老面孔。他们参加过我开办的同一主题的讲座，又买票参加了新的讲座。

我问为什么这样做,他们的答案总是很相似:

- "今天有种完全不同的体验。"
- "虽然有些笑话我都听过好多遍了,但再听到还是笑得不行。"
- "虽然不是第一次参加,但有些事我这次才注意到。"
- "我这次才明白了你的真正意思。"
- "我这次不只注意了你说话的内容,还留意了你说话的方式。"

结论:如果你真的喜欢某些东西,没有理由只体验一次,你会一次又一次地以不同的方式去体验并享受它。

为什么我们有时会允许餐厅的服务员帮我们做决定

你可能对下面的场景比较熟悉:
你来到一家之前没来过的餐厅,拿到菜单后快速扫了一眼，然后问服务员："你有什么推荐？"

有时我们会给服务员一个大致的方向，如我们可能会说："那桌的人吃的是什么沙拉？"或者"我想吃点肉，有什么推荐吗？"很多时候，我们会让服务员给我们选一两个，而我们几乎总是会接受他们的建议。

为什么我们会让服务员帮我们选择？为什么我们会把吃什么的决定权推给别人，让别人来决定我们的体验？（在这个情境中，体验就是指吃饭。）为什么让利益持有者（服务员）来决定我们的花费？

这些问题很有趣，答案是：因为从我们的角度来看，服务员是餐厅里的"专家"。他们比我们更了解菜单，他们知道每天客人点了什么，或多或少知道哪些菜品适合我们。这样比我们自己去盲选要好得多。

我们咨询专家的目的有两点：第一，希望得到他们看问题的独特视角。拿服务员来说，我们想知道他们对菜单上各种菜品的看法。当然我们也可以自己看菜单，然后给出意见，但我们常常更想知道专家的意见是什么。第二，缩短自己的学习曲线，做出最快、最正确、最值得、最方便的决定。

总结：不管你的头脑多么聪明，经验多么丰富，总有一些不那么了解的领域，为了节省时间、金钱和精力，缩短你的学习曲线，你需要求助这些领域内的专家，就像你的客户在你的专业领域内向你咨询一样。

关键知识点

创建一个不断发展的客户群并进行引导：

- 当客户不了解你的价值时，你就处于价格市场。
- 只要推出专业的信息产品，你的权威水平就会以惊人的速度提高，让你身处价值市场。
- 内容为王：每一种产品或服务，都可以且应该以其专业性和高质量的内容为卖点。
- 邮件列表能将有意向的客户和尚未"成熟"的客户区分开来，前者才是最有可能与你进行合作的客户。
- 坚持不懈地引导你的客户，这一点非常重要。
- 把你的产品或服务（或你自己）变成客户的刚需。

- 与其让客户选择你，不如你先选择客户。
- 与其因没有选择而与劣质客户合作，不如只与优质客户合作。
- 想要判断客户是否适合你，可以使用"乐趣测试"和"金钱测试"。
- 20%的客户创造了企业80%的营收，20%的客户耗费了企业80%的时间、精力和金钱。
- 想客户终止合作，有两种方法：一是条件恶化；二是大幅提高价格。
- 物以类聚，人以群分：人们更倾向于和同类人接触。
- 好客户很可能认识和他们一样的好客户，你要请他们为你推荐客户。
- 从企业创立之初就开始制定你的营销策略。
- 让客户对你留有期待，期待也是引导客户的一部分。
- 同一件事情，不管是第几次体验，你都会有不同的感受。
- 咨询专家的目的：一是得到他们看问题的独特视角；二是缩短我们的学习曲线。

# 06

用更与众不同、
更有效的方式营销和销售

客户选择某家供应商的主要原因是什么

几年前,美国的研究人员对数百家大公司进行了一项研究,考察他们如何选择供应商,以及他们选择某家特定供应商的原因。

被考察的公司至少要与同一行业内的三家供应商有合作(一般来讲,一家公司会与五家甚至更多家供应商合作)。换句话说,这项研究的调查基础十分广泛。

人们一般认为,在竞争激烈且饱和的市场中,<u>企业挑选供应商的方式是这样的</u>:得益于数字世界的发展,企业只需要访问供应商的网站、脸书页面,并通过谷歌搜索就可以了解他们的一切信息,然后企业会根据他们收集到的数据进行深入的测算,最后决定与谁合作。在做选择时,他们会考虑一些参数。比如,供应商的报价、成立的年份、建议是否专业、经验是否丰富、合作过哪些公司等。

事实上很多时候并不是这样的。在研究中,许多企业给出这样的答案:"我们之所以选择与这家供应商合作,是因为他们是第一个给我们回复的。"

也就是说,企业在有专业需求或问题时,会希望迅速得到答复或解决方案，先与3~5家供应商联系（通过点击网站上的"联系我们"，或打电话询问报价等），然后货比三家再做出决定。考虑的主要因素之一是哪家供应商的回复最及时，并愿意立即开始工作。

在你看来，这可能是一个相当肤浅的理由（确实如此），但这也在很大程度上说明了一个问题：寻找供应商的采购、培训、营销或人力资源经理希望在最短的时间内完成工作，并尽快开展项目（没有人愿意把时间都浪费在寻找供应商上）。

如果第一个回复的供应商符合企业的要求，并拥有充足的经验，那么只要它不是个"连环杀手"，企业基本就会选择与它合作。

因为在"示好"阶段（供应商竭力争取企业好感的阶段），企业会认为第一个回复的供应商是最认真的，这表明了他们的态度。

还有一个原因足够让你感到惊讶："我们之所以选择与这家供应商合作，是因为只有他给我们回复了。"

这听起来好像并不符合逻辑。因为在一个"埋伏"着众多供应商的竞争市场中，只要客户一出现，供应商便会蜂拥而至，给出建议，其中价格发挥着核心作用。

如果只有一家供应商给出回复，竞争基本就消失了。供应商要多少钱，客户可能就得给多少钱。

如果你觉得这不符合逻辑，那请你诚实地回答以下问题：作为私人客户，如果你点击过"联系我们"的按钮或是给语音信箱留过言，那么在进行这些操作之后，你有多少次没有收到回复？作为私人客户，你有多少次因为别人的推荐而产生和某个供应商合作的想法？有多少次主动去"追"供应商，打了好几遍电话才打通？作为供应商，你有多少次没有及时回复客户？有多少次根本就不回复他们？

想必你已经有答案了。

假设公司为了吸引客户，在谷歌或脸书的网络宣传上投入了大量资金，有客户通过这些渠道给他们留了言，但是却等了一个星期才收到回复，有的甚至没等到回复。公司解释道：秘书当时碰巧生病了，经理在国外，当时公司忙着参加展会……

这些原因看起来都合情合理，但有用吗？结果都一样：白花钱。公司会有两次损失：第一次是把钱投在网上，"线路一直畅通"，但没有或仅有极少的客户咨询或留言；第二次是让潜在的工作机会流失到竞争对手那里。

那么，你的选择是什么？不要再说"市场已经饱和了""竞争很激烈""谁给的价格最低，谁就能拿到合作"这样的话。大企业之所以成功，是因为他们"脚踏实地"，是因为他们会思考。你也要学会思考，好好利用你的个人魅力，让客户看到你的价值，灵活处理公司各部门之间的人际关系。只有这样，你才不会丢掉高质量的潜在客户。

在本章，我将展开说明多种多样但简单可行的营销和销售方法，分析一系列真实的案例和商业模式，告诉你在企业与客户合作时，哪些操作是正确的，哪些操作是错误的，并给出正确的解决方案，找出隐藏在这些方案背后的原则。这些方法可以增加企业的销售额和利润，让你的客户坚定不移地选择你。

最后，我将展开讨论与客户进行电话销售对话的问题：如何让你的沟通与众不同，最大化你的成功。

为什么大多数人在网络营销上会失败

我曾指导过几十个参与网络营销的私人客户和尝试网络营销的大公司，发现一个非常有趣的现象：大多数尝试网络营销的人，并没有从中赚到什么钱。甚至有些人都无法收回最初的投资，整个营销过程非常糟心。

我一直在问自己：为什么他们的产品很好，营销策略也不错，但就是发挥不出自己的商业潜力呢？

在我看来，原因就在于他们不知道卖给谁，也不知道怎么卖。参与网络营销项目的人对自己的想法和产品感到非常兴奋，就买了一小批货开始营销，但他们其实并不清楚真正该卖给谁。因为只有极少数人完全懂得什么是营销战略、市场细分、确定目标受众、匹配信息以适应客户等，并能够将这些进行综合考虑。大多数人只是把目标对准自己身边接触最多的人：同事、家人、朋友、邻居，但实际上这些人大多不需要这些产品。

几乎没有人教过他们如何进行"软性销售"、如何讲故事、如何站在客户的角度说话，也几乎没有人教过他们如何合理地使用幽默、如何举例子等。

"软性销售"是指在销售过程中，一开始不销售任何东西，只是给客户讲故事，以故事促使他们购买产品或服务。故事不能是想象的，必须是真实的，其目的是支持你的观点，帮助你推销。

一般来讲，在传统的销售模式中，你会以一种十分机械且严肃的方式介绍自己的产品或服务。在那种情况下，客户的防备心往往很重，他们会注意你说的每一句话。但在"软性销售"模式下，你跟客户会以一种温和的方式展开对话，让他了解你的产品或服务的好处。大家都喜欢买东西，但谁都不喜欢被推销或被逼着买东西。所以，以讲故事的方式传达你的信息，让客户觉得购买你的产品或服务是他们自己做出的决定，是一种非常不错的选择。

然而，许多尝试过网络营销的企业家并不知道这种方式，他们只会遵循自己的本能，一味地进行"硬性销售"。这是一种咄咄逼人、令人讨厌的销售方式。

他们不是喜欢这样做，而是不了解其他的方法。这样做不能促成很多交易，甚至不会促成任何交易。而且当他们竭力地向最亲近的人推销这些人并不需要的东西时，会破坏与这些人的关系。

你可能会说："但确实有不少人在网络营销中获得了成功，赚了很多钱。"

没错，的确有人在网络营销中获得了成功，但那是因为他们在任何领域都会成功。他们拥有出色的人际沟通能力和激励他人行动的能力，擅长说服别人，是出色的公众演讲者。

结论：在营销领域（此处指网络营销）内取得的成功都与你的说服能力有关。还有，你只能向与产品或服务相关的听众销售，并且使用"软性销售"的方法。接下来，我将告诉你如何使用"软性销售"，以及如何实现销售额和收入的最大化。

如何通过竞争对手增加销售额

在一个信奉基督教的城镇里，有一个中心教堂。每个周末，镇上所有的居民都会聚集在那里举行祈祷仪式。教堂的入口处有两个推销员，一个卖十字架，一个卖大卫之星[1]。

来参加仪式的居民每次看到他们两人，就会立马买一个十字架，然后进去祈祷。

一个居民很同情那个卖大卫之星的人，在某天对他说："听着，我不知道你有没有注意过，这个镇上的所有人都是基督徒，一个犹太人也没有！所以你根本不可能在这里卖出大卫之星。我建议你搬到另一个小镇试试。"说完那人便走了。那个卖大卫之星的人笑了，转身对卖十字架的人说："这人叫伊兹是吧？他居然想教咱俩怎么做生意！"

这个故事包含了一个非常重要的营销原则：对立营销。意思是你购买某个产品或某项服务，并不总是因为你确实想要或需要它，而是因为你认同市场中的一个参与者，不认同他的竞争对手。

---

[1] 译者注：犹太人的标记，两个正三角形叠成的六角形。

你可能很熟悉的一个对立营销的例子是：里奥·梅西和克里斯蒂亚诺·罗纳尔多。这两位足球运动员在国际上都有巨大的知名度。在过去，一些媒体一直在高度宣传两人的"冲突"，他们也因此接到了大量的球衣广告。实际上这些冲突主要是由体育评论员和营销专家杜撰的，两人并没有什么冲突。

竞争几乎存在于每个领域。你需要做的是利用竞争，使其对你有利，增加你的销售额。但千万不要说你竞争对手的坏话，因为你就不应该向你的客户提起竞争对手。你要做的是努力拉开与竞争对手的距离，让客户明白你比他们更有优势。

你怎么知道你的女儿怀孕了

一个真实而神奇的故事：2013年6月的一天，一名来自明尼苏达州的男子在他的邮箱里发现了婴儿产品的优惠券，收件人是他的女儿。他相当疑惑，自己的女儿怎么可能用得上这些东西呢？于是，他去寄优惠券的超市在当地的分店，向他们的经理抱怨此事。但几天后他发现，他的女儿确实怀孕了！这令他非常惊讶。

超市为什么比其他人，甚至比女孩的父母都更早知道女孩怀孕的事情呢？因为这家超市会给每位顾客发放会员卡和信用卡。它利用这些卡收集了大量关于顾客购物习惯的信息，然后给每个顾客都打上标签。接下来，它会分析顾客的购物习惯、引导顾客加强这些习惯，并以此为依据为顾客提供新的产品。换句话说，它想让客户多消费。

这个惊人的过程几乎是全自动的，全部操作都基于计算机程序。就这位男士的女儿而言，超市发现她购买了女性在怀孕初期通常会购买的东西，如营养补充剂、无味保湿霜等，又因为准父母和年轻父母一般会比普通顾客更舍得花钱，所以，超市很快就向她发放了适合孕妇的优惠券。

所以说，《老大哥》[①]不仅存在于荧幕上，还存在于我们作为消费者的生活中，每时每刻都在上演。现在，我来告诉你另一个秘密：你知道为什么很多大型商超和公司（服装店、航空公司、旅行社等）都会给你发会员卡和信用卡吗？

相信大多数人都能脱口而出：为了让你多消费！确实，这

[①] 译者注：源于荷兰并风靡全球的社会实验类真人秀节目。在节目中，参赛者们生活在一间布满摄像头和麦克风的房子里，他们的一举一动都会被记录下来，剪辑后在电视上播出。

种做法能让你在不知不觉间花更多的钱,而且信用卡越多,总额度就越高。但这不是主要原因,真正的原因是他们要了解你的消费习惯,然后为你量身打造最适合的优惠活动。

大多数人在放假前都会收到花哨的小册子。超市有时也会发一系列与假期相关的产品。但你知道吗?有时候超市给不同的顾客发放的小册子是不一样的!比如,你经常在一家超市买玉米片,但不买牛奶,那这家超市发给你的小册子大概率会出现牛奶的优惠券,以此促使你在他们家买牛奶。想出这种营销策略的人简直就是天才!

这个故事给了你什么启发?不要把所有的产品和服务一股脑儿地全推给客户。要根据客户在你这里的消费习惯,对他们进行分类,尽量做到准确无误,保证为每个客户提供最接近其喜好的产品。

这就是增加转化率的方法,也是增加收入的方法。

这种方法其实也被用在了作为消费者的你身上。连锁超市、零售服装连锁店、航空公司、旅行社等,都有微妙的方法去迎合你的喜好。虽然他们想掏空你的钱包,但给你的感觉却是:他们为你做的一切,是为了让你购物更方便,花钱更少。

现在,你也该进入"游戏"了,要学着和他们一样,为你的客户提供精准的个性化服务,客户会为此感谢你,你的账户余额也会感谢你。

为什么人们会觉得如果不买鲜花和巧克力,就不是真爱

每年的2月14日,西方一些国家都会庆祝情人节——"爱的节日"。最初,这个关于爱情的节日是为了纪念三个圣人的死亡,三个圣人都叫瓦伦丁[1],这也是情人节名字的由来。基督教中有这么一个传说:克劳迪乌斯二世在执政时期,认为单身的男子无牵无挂,更能成为罗马军队的优秀士兵,所以他便废除了所有的婚姻承诺。然而,一位叫瓦伦丁的神父却违抗了他的旨意,为一对恋人秘密举行了婚礼。事情被告发后,这位神父被判处死刑。最终,瓦伦丁成了恋人的守护神,情人节也由此诞生,爱人或恋人在这一天相互表达爱意。

---

[1] 译者注:"情人节"的英文叫作St. Valentine's Day,直译过来叫"圣瓦伦丁节"。

我是爱情的信徒，我为我们可以庆祝爱情和享受美好生活而高兴不已。但是，作为营销人员，我却越来越觉得惶恐。因为我们的消费习惯正在发生改变，我们的节日和传统已经被企业"劫持"。最初的情人节只是恋人之间为了互相表达爱意的节日而已。今天，爱意的多少要用物质来衡量。每到节日，我们都会被各种广告淹没，要我们为爱人购买礼物——巧克力、鲜花、精美的贺卡等。

同样的花束，平时卖25美元，在情人节前夕价格却能上涨两三倍，因为它已经不仅仅是一束花了，而是情人之间爱意的象征（一到情人节，鲜花就拥有了圣洁的光环，据说这种光环能证明其价格的合理性）。

有些人对自己说："我拒绝参与这个游戏！我爱我的爱人和孩子。一年365天，我天天都爱着他们。我有许多不同的方式和机会表达我的爱，买礼物只是其中一种。我不愿意被这些商家当成冤大头，也不愿意无缘无故地购买那些定价过高的礼物。"那么，面对这些人，商家是怎么做的呢？

很简单，广告。商家会用一个卓有成效的说服工具："同侪压力"。长期以来，你可能一直被灌输着这样的思想：如果你爱一个人，就必须给他或她买东西。

各种广告都会呼吁我们购买其产品。新闻主播和节目主持人会互相询问："你给女朋友或男朋友买了什么情人节礼物？"电视频道和电影院也充斥着关于爱情的节目。如果这种"攻势"没能让你买东西，只能说明你是单身，或者你没有手机、电视、电脑等这些数码产品。

人们总是会主动适应别人为他们设置的条条框框，这种现象在我看来非常有趣，有时我自己也会这样做。在这种情况下，鲜花公司和巧克力制造商就"统治"了神圣的情人节。人们喜欢庆祝，不放过任何能庆祝的机会，有时可能只是想给自己找个买东西的理由。此外，同侪压力在其中也扮演着十分重要的角色。

过生日的时候你最不想去哪里

几年前，美国的一家修理厂策划了一场看似很聪明的营销活动：整整一年里，只要有客户过生日，就会在客户生日的前几天给他们寄一个信封，里面有一张汽车年度保养优惠券。如果他们在生日当天来给自己的车进行保养，并出示那张优惠券，就能享受到50%的折扣。

从理论上讲，这应该是一个非常成功的活动。客户拿到相当大力度的优惠，它可能创造一种病毒效应（客户口口相传，把这件事告诉他们的朋友和亲戚），从而激励其他客户采取行动。

只是，修理厂老板忽略了一个小小的细节：谁会在生日当天去修理厂呢？如果客户收到的是餐厅、电影或主题公园的优惠券，可能就会在生日的当天使用了。我们明明有更多有趣的方式来庆祝自己的生日。

修理厂的客户也是这么想的，所以，只有不到1%的人在生日当天使用了这张优惠券。部分客户以为优惠券过几天也能用，但当他们来之后却得知优惠券不能用了，只能按原价保养，这让他们非常失望。修理厂完全有更好的做法：同样给客户发放优惠券，不限定要在生日当天使用，而是在生日的那一周或那个月都能使用。

结论：必须先思考客户的需求和兴趣是什么，然后以此为依据制定营销策略。

客户和自己,你更关心谁的利益

在营销、销售、激励员工等方面,华特·迪士尼公司给了我巨大的启发。尤其是它在服务方面的工作,令我受益匪浅。

该公司成立于1923年。直至今天,它对游乐园的经营模式都堪称业界的典范。游乐园可以算得上是商业世界中最危险、最具挑战性的行业之一,但迪士尼却凭借自身的优势在这个行业中不断成长壮大。

华特·迪士尼是迪士尼乐园的创始人,也是迪士尼乐园的缔造者与规划者。他一直以其别出心裁的想法在迪士尼乐园里大展宏图,直至1966年去世。在他传奇的一生中,有一个有趣却鲜为人知的故事。这个故事与洛杉矶神话公园中的魔法塔有关,直到今天,这座塔仍是"迪士尼乐园"的象征之一。有一次,华特·迪士尼在公园里巡视,一个园丁告诉他乐园里有件很难处理的事:他们在公园中心建了一个又大又美的花坛,正好在魔法塔前面。游客们为了找一个好的角度和魔法塔合影,经常踩在花坛上。

园丁请求华特说:"能不能在花坛周围立一圈栅栏,这样人们就无法再进去拍照,花坛里的花也就不会被踩坏了。"

华特·迪士尼告诉他："恰恰相反！如果客人（他将游客称为客人）想拍照，我们就得想办法满足他们的需求。"

于是，他让园丁把花坛里的花移走一部分，辟一条路出来，然后在塔的对面搭个台子，供客人在台子上和魔法塔合影。

这个故事是我从美国一位知名的迪士尼研究者那里了解到的，华特·迪士尼的思维方式真的与众不同。

园丁考虑的是公园的利益，从他的角度来看这并没有什么错。他不想离开他的舒适区，不想做双倍的工作，也不想看到自己亲手种下的漂亮花朵被破坏。

华特·迪士尼则从顾客的利益出发。他认为，既然有这么多人想踩在花坛上拍照，那他们就是在向公司发出一种需求信号，公司应该听取他们的意见。

不管是从服务还是营销的角度来看，华特的这一决定都可以算是明智之举，这一点在迪士尼之后的发展中也得到了印证。现在，以魔法塔为背景的照片已经成为乐园的名片。游客只要来此拍照，就会四处分享，即使在社交网络出现之前。他们也因此成了乐园的宣传大使，为乐园创造了更多收益。

这个故事给我们的启示是：想在商业和销售方面取得成功，就必须倾听客户的想法，找出激励他们采取行动的动力。最重要的是，找出困扰他们的因素。要想获得更多收益，就必须先解决这个问题。这意味着你要走出舒适区，付出更多的努力，进行创造性的思考。

机场的免税店到底在向你推销什么

如果你去过世界各地的机场的话，肯定会注意到一个有趣的现象：有些东西永远不会出现在机场，有些东西会出现在所有的机场，如巧克力、香水、古龙水、一些高档的洗涤用品、葡萄酒和威士忌、鲜花、玩具、书，等等。

你有没有想过，为什么机场总是对这些东西青睐有加呢？其实机场卖什么商品与商品自身的属性没什么关系，而与我们购买的原因有关。研究表明，当人们从外地消费回来，会产生内疚的情绪，这在那些从海外旅行回来的人身上尤其明显。

是的，内疚！试想：你和爱人出国旅游，孩子往爸妈那里一丢，两人就出去享受浪漫了。当你回来的时候，会不会想补偿一下孩子，补偿一下为你"照看孩子"的父母？大部分人会的。再试想：如果你是个商人，要出差一段时间，妻子得留在家里，继续处理那些令人疲惫的琐事，你会不会觉得内疚？当然会。因为出差对你来说可能算是"打破常规"，是枯燥生活的调味剂。

你在机场看到免税店后会想："啊，真是我的救星！"因为店里的礼物刚好可以让你补偿家人。比如，高档的酒类和巧克力、精品香水、豪华珠宝、儿童玩具，等等。

免税店的东西便宜吗？你可能会说："当然了！免税店的东西比外面便宜，这不是常识吗？"但在许多情况下，世界各地的机场出售的产品都要比外面的贵。

那为什么我们还会心甘情愿掏钱呢？因为我们有需求。当我们感到内疚时，我们更愿意花钱。所以，如果你想提高销量，争取高价，就要了解是什么促使客户进行消费，以及客户进行消费的情感因素。

你想在月球上购买土地吗

在我听说过的所有商业案例中，最成功的一例来自一位名叫丹尼斯·霍普的美国企业家。20世纪70年代,他把月球和太阳系中除地球以外的所有行星全都登记在了自己的名下。

霍普利用土地登记法中的一个漏洞,即任何美国公民可以将任何未登记的土地登记在自己的名下。只要无人反对,那么登记人便可以拥有对登记土地的所有权。所以,他把月亮登记在了自己的名下。

然后,从20世纪80年代开始,霍普便一直通过"月球大使馆"及其子公司"氪星"出售月球上的土地。在他之后,世界上又涌现出一批竞争对手,同样出售月球、火星、金星、木星等星球上的土地。

从表面上看,他的行为像是一个有妄想症的怪人搞出来的拙劣噱头。但你肯定想不到,到2020年,霍普已经卖出了数百万英亩的月球土地!价格约为每英亩20美元,你可以算算他挣了多少钱……月球表面的总面积大约为1000英亩。

人们为什么要买月球上的土地呢?要知道,从现在开始到人们能在月球上定居,不知道还要多少年。而霍普的大部分交易却是在10年、15年、20年,甚至25年前进行的。

这就意味着,没有人知道购买这些土地的法律效力有多久。虽然每个买家都能得到一份产权书和他们所购买地区的地图,但律师和NASA对霍普这种行为的合法性有着巨大争议。

所有的买家都不熟悉月球，也没有去过月球，甚至对天文学也一无所知，但他们还是对此趋之若鹜，与卖家讨价还价，这是为什么呢？是因为花钱少吗？我们可以从销售产品与服务的角度来看待这个问题：买家为什么购买月球的土地？

下面有三个可以讲得通的理由：

第一，为后代的未来投资。从许多客户提供的答案来看，他们并不指望自己能真的拿到土地，但"也许在人类实现定居月球的计划时，我的儿子或孙子能以数十倍的价格出售这块土地"。

第二，显示自己的独创性和长远眼光。买家向身边的人传达了一种信号：他们的思维方式与众不同，可以看到别人看不到的东西，可以跳出固有思维去思考问题，考虑得更长远，可以承担别人承担不了的风险，等等。

所以，即使有些买家明知购买月球土地的合法性很不明确，还是毅然决然地去购买。因为"真的到了人类可以定居月球的那一天，我不会因此慌神。我知道，到那时NASA会直接赔偿我，他们不想把这件事闹到法庭上"。这也就是为什么在2006年12月，当NASA公布他们将于2020年在月球上建立载人基地时，人们掀起了一波抢购月球土地的热潮。

第三，彰显自己的"国际化"。他们通过这种方式向周围的人表现自己更先进的思想，在国外进行了投资（不能说国外，这都到了地球外了），他们恨不得拿个喇叭天天吆喝。

这三点有什么共同之处？都是买家的痛点和问题，是他们的需求。而购买月球土地刚好能解决他们的问题，满足他们的需求。

当你销售产品或服务时，需要时不时地问自己：我真正能为客户提供的是什么？客户凭什么购买我的产品和服务？把这一点搞明白了，你的销售额和收入自然就上来了。不过这听起来容易，做起来难。根据我的经验，人们一般不清楚自己真正销售的是什么，更不清楚可以为客户解决什么问题，可以满足客户什么需求。

你愿意为陪你到公园散步的人支付多少钱

想象这样的情景：有一天，一个留着大胡子的壮汉找到你，说自己是个"遛人者"，就像人遛狗一样。他提出带你到公园里去散步，每英里①收7美元。也就是说，他会陪着你散步、聊天，而你要为他的陪伴付钱。

荒唐？有趣？你别说，世界上还真有这样的人，这个人就是查克·麦卡锡。

查克·麦卡锡，一位来自洛杉矶的演员，他在失业后一直在寻找赚钱的方法。终于有一天，他想出了一个主意：带人们到公园散步，并按英里收费。

你可能会觉得这个想法简直就是异想天开，根本不可能成功，就算成功，也只是昙花一现，毕竟如果有这时间，人们为什么不和朋友一起散步呢？本来不花钱的事，为什么要多此一举为别人付钱呢？

但他真的成功了。要问他是怎么成功的，我只能说：要想事业好，广告少不了。他的成功主要得益于在小镇和脸书上发布的广告：

"需要步行的动力吗？"

"害怕独自走夜路吗？"

"是不是不喜欢一个人走路？"

"是不是不想因为一个人走路，而让别人觉得你没朋友？"

---

① 1英里约等于1.61千米。

"是不是不喜欢一个人听音乐或播客,又不想独自静静地走,被迫面对未知的未来,面对自己在浩渺宇宙中的渺小?"

结果是惊人的。广告一经发布,查克就收到数百封电子邮件。这些人都是孤独的,他们充满了好奇心且喜欢冒险,非常愿意和查克一起散步。于是,查克正式开始工作,不久后又招募了五个"遛人者"和他一起在洛杉矶周边工作。

这是个匪夷所思的故事,但细想想,好像也没那么离谱……

查克使用了营销领域最伟大,也是最基本的原则——"先卖问题,再卖解决方案"。这一点,他自己可能都没意识到。

如果有人一上来就向你提供解决方案,你可能会轻蔑地拒绝他的推销。比如,有个大胡子壮汉找到你,说他可以陪你去公园散步,要你为他付钱,你肯定不会同意。毕竟,没有人愿意花这种冤枉钱。

但如果他先向你推销问题、痛点和需求,你可能就会感到好奇,想多了解一下。他可能会指出,你很孤独、很无聊,缺乏体育锻炼的动力,害怕公园里的黑暗,想倾诉一些不能告诉朋友、同事的事情,害怕别人看到自己一个人在路上,等等。然后就成功吸引你的注意,顺势向你推销产品或服务，作为给你解决问题的一剂良药。

学会这种方式，不管你的产品或服务多么奇怪，你都能轻轻松松地把它们销售出去。查克这种新手都能成功，更不用说你这种"专家"了。

想看看其他的例子吗？

人们有各种不同的理由参加讲座和研讨会：体验乐趣、学习专业知识、打造社交网络、"打破常规"、约见朋友或同事、与讲师本人见面，等等。

我办讲座和研讨会有20年了，做过不少民意调查，客户参加讲座和研讨会的原因无非就是上面那些。不过也有例外，甚至相当"奇怪"：为了茶点，为了找对象，为了从家里"逃"出来，想等老婆孩子睡着了再回去，等等。还有，最奇怪的一个竟然是为了证书……

这是个真实的故事。2008年的一天，有位客户打来电话，问的第一个问题是："你们在研讨会结束后会给参与者颁发证书吗？"我们之前从来没有向参加研讨会的人颁发过证书……不过这听起来倒是一个好主意（有时，我们最好的想法是从客户那里学到的）。所以，我们告诉他，我们正在准备证书，会在研讨会后颁发给参与者。从那次的谈话中我们了解到，他是一个痴迷于收集证书的人。虽然他受过良好的教育，也很聪明，但促使他报名参加各种讲座、课程和研讨会的主要原因仅仅是想为他的收藏柜添个证书……

对他来说，同样的研讨会、同样的讲师、同样的内容、同样的价格，要是没有证书——都不去。证书就是他的动力，就是让他不再"作壁上观"的原因。

我们刚说完会发证书，他立马问："证书上会写什么？"

我们根本没有想过这个问题。于是问他："你希望证书上写什么？"他回答说："要我说的话，证书上的内容最好有对我说服能力的证明。比如，'任何时间，任何地点，想说服，就说服'。"

我一听，心想：这确实是个好主意啊！

信息明确，朗朗上口，实用又幽默。确实不错，于是我就照做了。

如今，我已经办过数百场研讨会了，那位客户的建议被我沿用至今。现在，我的每个听众都能得到一份由我亲笔签名的个人证书。在证书的末尾，我如此写道：任何时间，任何地点，想说服，就说服！

其实大多数客户来参加研讨会并不是为了证书。但不可否认的是，为他们颁发证书的确是个不错的尝试，而且用颁发证书作为研讨会的尾声，也非常合适。对于那位客户，我们满足了他的具体需求（证书），他也因此购买了我们的产品（研讨会）。所以，无论是电话销售还是面对面销售，最佳的销售方式是倾听客户的声音，了解他们的问题和需求，然后只说一句话：我确实有你这个问题的最佳解决方案。

无论是客户主动找你还是你主动找他们，你都必须学会真正的倾听。你要问他们一些"直截了当"的问题，然后用这些问题做引子，鼓励他们说出自己真正的困扰和需求。只有这样，我们才能根据他们的不同情况，解释为什么我们的产品或服务能解决他们的问题。

而你提供的究竟是什么，重要性可能并不太大。是烹饪店还是吉普车？是房地产还是SEO服务？都无所谓，因为那些东西并不是你真正销售的东西。它们"只是"一个解决方案而已。

你必须明白，你真正要给客户的是安心的感觉，帮他们获得想要的东西，提升生活质量，或者是实现经济自由，是他们能和朋友分享的谈资，等等。具体是什么，只有真正倾听客户才能得知。记住，每个客户的需求或问题都会随着时间而改变，每个客户都是出于不同的原因才来找你的。

让顾客在你这里消费的最好方法是什么

2012年11月，我在巴塞罗那举办了一场研讨会，推广该研讨会的是一家大型旅游公司。在研讨会开始前，我和这家公司的CEO进行了谈话，得到一个惊人的信息。他告诉我，人们在预订出国的机票和酒店时，一定会讨价还价，争论不休，就好像这关乎他们的命一样。如果另一家网站或机构的价格便宜了10美元，他们一定会毫不犹豫地跑去那一家预订。但同样是这批人，当他们到了机场免税店的时候，又会大买特买，花费远超出他们预算的钱，机票和酒店省下来的那些根本就填不上这个窟窿。而且，他们在出国后会更"大方"。

为了让我更好地理解他的意思，他描述了他和员工每天都会遇到的情况：在飞往伦敦的航班中，大多数乘客都会选择降落在伦敦的中心机场——希思罗机场。不过有些旅行社可能会包机，也能让你到达伦敦，但会降落在较小的伦敦卢顿机场。

一般来说，降落在卢顿的航班会比降落在希思罗的航班便宜100美元。但有一个问题，卢顿是一个非常小的城镇，距离伦敦33英里。所以，如果在那里下飞机，打车去伦敦的话最便宜也要100多美元。然而，尽管降落在希思罗的旅行社一再说明这一点，还是有很多人为了省那100美元，选择降落在卢顿的航班。当他们最终到达伦敦时，花费早就超过了节省下来的那100美元，但他们依旧乐此不疲。

既然这种方式非常不划算，人们为什么要这样做呢？答案很简单：人们在预订机票时，仍然是在按"常规"行事，但当他们降落在英国时，便脱离了"常规"，因为他们在度假。

许多研究表明，人们在"常规"之外时，往往会花费更多的钱。很多人出门前会先计划做哪些事，规划钱怎么花，忙得不可开交。这就是为什么他们面对一分钱都要和旅行社争来争去，所以他们在这个阶段的花费超过预算的可能性非常小。但当他们真正从日常生活中脱离出来的时候，就会更自由、更放松，也会更快乐、更慷慨。这时他们会心甘情愿地花钱，不会像平时那样紧盯着账户余额不放。

想想，你是不是也有过这种经历？尤其是在国内或海外度假时、参加讲座或会议时、参加聚会或研讨会时、去赌场或去远足时。所以，如果你想让客户在你这里花费更多，就必须把他们从"常规"中解放出来，让他们感觉到你想把他们解放出来。你可以让他们离开自己熟悉的环境，到你的办公室或其他地方坐坐。

此外，你还要为会议、演讲或讲座提前做好准备，创造一种利于达成合作的氛围：选择合适的食物、标牌、培训材料、座位安排，等等。

　　脱离常规环境的客户会更容易接受变化，出手也更阔绰。这个道理在赌场甚至已经发展成了一门艺术。当你走进赌场的时候，你会发现很多赌场里没有窗户、没有时钟，有的只是全天候的自助餐，餐品永远都是那几样。这是什么原因呢？

　　没有窗户是因为，赌场老板想把你带入一个与现实不同的世界。在那里，你会把你所有的"常规"和时间概念抛诸脑后，乖乖地把钱交出来。

　　如果有窗户，情况就不一样了。假设你在早上进去，玩得不亦乐乎。突然，你透过窗户看到天色暗了下来，就可能会对自己说："哎呀，都玩了这么久了，家人还在等我吃饭呢，我得赶紧走了。"

　　再有就是自助餐的问题，为什么他们的餐品永远都是那几样呢？假设他们三餐提供的是不同的餐品，你在赌场吃了早餐，突然发现他们又开始供应午餐，那你可能会想：啊，原来时间过了这么久了！你的"罪恶感"便油然而生。

　　为了防止这种"罪恶感"冒头，赌场索性直接抹去了你的时间感，这样你就能放手去玩。不过，赌场真正的聪明之处在于——代币。人们去赌场的第一件事就是把自己的钱换成代币，这一点不用我多加赘述。

从表面上看，这是一个十分简单、没什么意义的流程，但它的用处可大着呢。一旦你把钱换成了代币，潜意识里就会觉得自己只是在玩游戏而已，不会觉得输掉的是辛辛苦苦挣来的血汗钱，而是会觉得这些代币跟我们小时候玩的大富翁里的那些假钱没什么两样。

但如果人们用真金白银的钞票来赌博，就会少赌很多，因为他们知道这些钱是怎么来的，挣这些钱是多么的不容易。所以，赌场老板就想出了游戏代币这种方法，让人们脱离常规，大肆挥霍。

想提升销售额吗？那就让你的客户走出舒适区，走出"常规"，让他们心安理得地花钱。这个道理在任何时间、任何地点都适用。

为什么汽车广告上总是出现比基尼模特

汽车节目在为豪华车和跑车做营销时，经常会雇用比基尼模特来做车模。这种做法似乎带着一股沙文主义的气息，是一种老式的营销方式，但不得不承认，从营销的角度来看，这种做法确实十分奏效。

可是，女孩和卖车有什么关系呢？我的意思是，在人们的刻板印象中，年轻的模特一般不会是赛车手或汽车专家。那汽车商又为什么要雇用她们来向懂车的人展示汽车呢？这其中的逻辑是什么？

比较常见的说法是，男人在看到这样的广告时，会联想到一个"胜利的画面"：如果他买了这辆车，这位年轻漂亮的女孩就会愿意和他在一起。但事情远没有这么复杂，模特和汽车其实毫无关系！她们并不了解汽车，在卖车上也没什么优势，她们的作用很直截了当——让顾客感觉良好！

一个男人，尤其是中年男人，在看到穿比基尼的年轻美女时，会有一种良好的感觉（只是粗略概括一下，因为豪华车的目标受众大多是35～40岁的男性）。这种影响不仅存在于心理上，还存在于生理上——美女的形象会使他们的大脑向神经系统释放内啡肽（幸福荷尔蒙），使得他们心花怒放，感觉良好。

男人会在看美女的时候注意到她身边的汽车，所以从这种情况来看，美女对销售汽车的唯一好处就是——提升顾客的消费体验。这样一来，顾客就会觉得看展是一种享受，购买汽车的意愿也会随之猛增。

我知道，有很多女性读到这里时会很生气，对上面的沙文主义也十分厌恶。但请你们先不要急着反驳我，因为同样的营销手段也被用在了你们的身上。不信的话请想一想，当你们走进一家高档的服装店时，会发现什么？

入口处可能有甜美的香水味。可是，明明是一家服装店，为什么会有香水味呢？

这和模特卖车是一样的道理。香水味会促使你的大脑释放内啡肽，提升你的购物体验，从而让你下意识地购买许多原本没打算买的东西。超市里的试吃食品、糕点坊散发出的甜美香气，都是同样的作用。顾客的体验越好，与你的联系越密切，你的业绩就越好。

为什么富足让我们困惑

你来到一个大型停车场，那里空间十分宽阔，每个停车位都用清晰的白线规划得整整齐齐。现在想象一下这两种情境：

情境1：停车场几乎是空的，只有寥寥几辆车停在那里。
情境2：停车场几乎全满，只有三四个空位。

那么，你在哪种情境下停车会停得更快？如果不仔细想，我们肯定会觉得是情境1，因为如果停车场没有什么车，我们想停哪儿就停哪儿。但实际答案是情境2。原因就在于，如果停车场几乎全满，只剩下几个空位，我们就没多少选择了，只能赶紧找个空位停下。

如果车位十分充足，我们就会考虑："停在哪个地方走的时候比较方便？""哪个车位离我要去的地方最近？"……所以说，富足使我们困惑。正是因为有诸多选择，我们才会在做决定时举棋不定。在第3章中，我详细讲述了营销与说服领域中最有效、最重要的原则之一：人们会遵守"路标"。现在再来举一个例子：

研究人员曾对人们的购物习惯发起过一项研究，得出一个令人惊讶的结论：同类型的商品越多，人们购买某一特定类型的数量就越少。比如，我现在要去超市买果酱，超市的供货状况有两种：

情境1：果酱货架上只有两种口味的果酱。

情境2：果酱架上有20种口味的果酱。

那么，在哪种情境下，我会购买更多？

从表面上看，我们可能会觉得是情境2。因为口味越多，顾客越有可能找到自己喜欢的口味，从而大量购入。但和停车问题一样，正确答案依旧是不合常理的情境1。原因就在于，如果货架上只有两种口味，那我很容易就能做出决定。我会问自己："买哪个好呢？也不知道老婆孩子喜欢哪个……算了，就这个吧。"然后买下其中一种。如果给出20种选择，我的选择困难症就出现了。我会想："到底买哪个好呢？""之前没吃过葡萄的，要不买个尝尝？红枣的好像也不错，之前就喜欢吃这个……""老婆孩子会更喜欢哪种口味呢，要不打电话问问？"（然后电话没人接……）

我会斟酌、思考、犹豫、咨询，但为了保险起见，我多半会——少买！

现在，让我们回过头来想想，人们会遵守"路标"是什么意思？

就是如果你想卖出更多产品，说服更多客户，就必须在销售会议上掌握对话的主动权，而不是让客户抢先；必须给客户提供有针对性的报价，而不是给他们一种模棱两可的估价；必须以一种清晰的方式讲述知识，而不是没有重点地讲，让听众自己去琢磨。除此之外，还要以专家的身份给出建议。

在拨打销售电话之前需要采取什么行动

之前有不少客户来找我，想让我为他们模拟一场电话销售，或者设计一个销售页面。我注意到一个有趣的现象：大多数找我咨询的人，不管来自哪种体量的企业，在和我会面时都找不到重点。

一方面，他们希望我的方案有"立竿见影"的效果；另一方面，他们连营销写作和需要传递的最基本、最关键的因素都知之甚少。比如，我问他们的目标受众是谁，他们可能会回答"高科技公司""母亲""小型企业"等，但其实这些答案并无意义；如果我问他们具体的产品或服务是什么，他们会给我一系列冗长的回答——要知道，冗长的回答算不上好回答，我们之前讲过"富足让我们困惑"。再如，我问他们的产品或服务能解决什么问题，他们可能会说"健康"或"克服任何困难"之类的话，但这压根都算不上答案。

我鼓励他们开口说话，想得到更多信息，以便模拟销售场景或设计销售页面。但大多数时候他们都没有耐心，根本就不理解我为什么要问这些问题，为什么要花这么长时间谈论"战略"问题，他们觉得自己根本没时间，也没必要去思考这些东西。

我会解释：没有战略，就没有战术纪律。如果不先明确自己的靶向客户是谁，要为客户解决什么问题，那么你在谷歌、脸书和销售中心做的广告几乎等于白做。因为这样做出来的广告没有针对性，转化率也很低。

在一场足球比赛中，22名球员在全场90分钟内只踢一个球。也就是说，即便是最好的球员，每场比赛触球的时间也只有几分钟而已。球员的身价再高，训练时间再长，整场比赛也只能触球几分钟罢了。那么，我们要判定某个球员是否优秀，是看他触球的那几分钟，还是看他没触球的那剩余的大部分时间？

正确的答案是——看那大部分时间。因为一个好的球员懂得如何在这大部分时间内管理自己，以便在触球的几分钟内保持高效输出；懂得如何在比赛中保持体力、什么时候冲锋陷阵；知道应该去哪个位置以便更好地接球；能够读懂球队球友的动作，以便应对接下来的各种突发情况。

这些与天赋没什么直接关系，与努力和毅力有关，与对游戏的理解、战略的规划、团队的协作有关。所以，优秀的足球教练会通过球员没有触球时的表现来判断其资质。销售中的战略规划，包括定义"理想客户"，对于开展成功的销售活动、实现高转化率有着至关重要的作用。

如何判断客户对你的产品或服务是否感兴趣

在营销和销售领域中，有个十分重要的策略叫作"电梯游说"，它是一场30秒到1分钟的简短对话，目的是向陌生人介绍你自己和你的业务、产品或服务，可以被应用在会议、讲座或谈判中。

为什么叫"电梯游说"呢？因为这样一场游说需要30秒到1分钟，大约是电梯从大堂到30层的时间，所以人们便给它取了这个名字。

"电梯游说"的目的是什么？大多数人可能会认为，无非是把关于自己的一切信息都说出来。就是利用信息使对方"过载"，在这场30秒到1分钟的介绍中，"挤"进尽可能多的细节，谈话场景如同在电梯里一样，被谈话的人"无法逃避"。但这种看法是错误的。

"电梯游说"的真正目的在于引起对方的兴趣。你的目的是在这几十秒的游说结束时，让对方还想与你继续对话，甚至想专门给你安排场会面。

那如何判断对方对你是否感兴趣呢？很简单，看他会不会问你问题。比起倾听，大多数人确实更喜欢表达。我们经常会像"连珠炮"一样说一大通，却很少愿意花时间倾听另一方的需求。所以如果在谈话过程中对方几乎不说话，事情就不妙了！可笑的是，很多人还觉得这是个好迹象。真正的好迹象是当我们说完自己要说的后，对方能提出一个问题，这表明对方对我们说的内容感兴趣，有继续聊下去的欲望。

人们一般不会直接告诉你他们不感兴趣，而是礼貌地听你说完，然后再告诉你"给我发个电子邮件吧"。言外之意是："我在礼貌地拒绝你，你可以给我发邮件，但我不会回。"还有种委婉的说法是："改天一起吃顿饭吧。"

如果对方主动询问你没有提到的内容，就是在把你引向他们感兴趣的话题中。这时你要用几句话引起他们的注意，找出他们的兴趣所在，将谈话进行下去。这样你们的谈话就会更长久，双方也会觉得很愉快。

你身边的人了解你的工作吗

我曾对数百名客户进行过小测验，上至大公司经理，下到小企业老板，测验成绩都很差，都得了"F"。这个测验是问身边的几个人是否了解你的职业。

这几个人不能随便找，必须和你足够亲近。比如，你最好的朋友（生意场上的不算）、邻居、兄弟姐妹、父母，甚至是孩子同学的家长。

你只需要问："你知道我是做什么的吗？""你知道我是卖什么的吗？"他们有的会直接回答"我不知道"或"不太清楚"，有的会给个粗略的答案。例如，"房地产之类的吧""IT吧""你有项专利吧""药品公司""理疗师""律师""卖玩具的",等等。

我所有的客户都是这么回答的。

为什么这些答案得分低呢?这些答案只能说明:

第一,你不知道如何向他人介绍你的工作内容。

第二,你永远不可能从熟人那里挣到钱!这比第一条还糟糕。

他们也许很尊重你,觉得你人很不错,但永远不会把你发展成自己的客户,即使有机会为你介绍人脉和工作,也不会这么做。因为他们不了解你的水平。

我有个客户在欧洲和美国有好几十处房产,也帮助客户从世界各地购置房产。有一次,我让他去做那个小测验,调查他身边的人是否了解他的工作。他拍着胸脯跟我说:"放心,他们绝对知道!"可结果却让他大失所望。

在参与测试的人中,有一小部分对他的职业全然不知,大部分知道一点,也仅限于知道他是个"倒腾房子的"。

他们都不知道他具体是做什么的,自然也不会把他视为客户,而且"倒腾房子的"范围太大了。人们可能认为他是一个承包商、房地产经纪人、装修工人、企业家、建筑师,等等。

我问他需要什么样的客户,他说:"那种能立马拿出20

万~60万美元来投资的人。"他身边确实有很多符合这个要求的人,但这些人永远不会把他们的朋友介绍给他。不是因为他们不喜欢或不尊重他,而是因为他们不了解他到底是做什么的,不知道该把哪些朋友介绍给他。

所以,如果人们想投资,多半不会找自己的朋友、邻居、兄弟等特别熟的人,而是找根本不认识但被他们视为"专家"的人。客户就是这样流失的。那么,我们该如何改变这种情况呢?很简单,让身边的人了解你到底是做什么的,请他们在合适的时机推荐你。学会活学活用,充分发挥"电梯游说"的作用,利用身边的资源来增加自己的收入。

你是否花了太多时间与你的客户交谈

我的公司有一项服务:为前来咨询的客户分析销售电话录音。具体的操作流程是:我们先对客户公司发来的录音进行分析,然后根据其中的问题为他们制定改进方案。在做这项工作的过程中,我不止一次发现客户会犯一个十分致命的错误：通话时间过长。

他们总是和客户"没完没了"地打电话。我认为电话打二三十分钟就已经够长了，但他们有的甚至打四五十分钟！有些读者可能会觉得："和新客户通话半小时不是很正常吗？我还打过更长的呢。"这是一个非常严重的错误。与客户交谈的时间越长，达成交易的可能性就越小。

许多人会觉得这不符合常识，他们会觉得：这不正好说反了吗？难道不是打电话时间越长，达成交易的可能性越大吗？实际上，销售电话时间太长会严重降低转化率。

第一，通话时间越长，你犯错的概率就越大，越可能说出不合适的话、在不经意间做出一些客户不喜欢的小事、透露一些客户不喜欢的观点。有些话你觉得没什么问题，但客户一听就"退缩"了，你们的合作也就泡汤了。在我看来，销售电话10分钟就可以了，20分钟已经过长了。犯错在所难免。但你要记住：如果你的客户是新客户，对你还不了解，那你说的每一句话、报的每个数字都会成为影响你们合作的关键因素。我再重申一遍：通话时间越长＝越多的潜在错误。

第二，通话时间越长，客户越会把你当成朋友。这么说并不是反对你和客户搞好关系。相反，我赞成与客户建立长期的关系，但为了与客户达成交易，你必须和他们保持一定的"距离"。如果客户把你当成朋友，就会跟你要折扣、免费的咨询，甚至一些特殊要求。一旦你同意了，合作的利润就会大打折扣。毕竟，朋友之间谈钱可是要伤感情的。朋友间互帮互助，时不时地提供些小"方便"也是正常的。

你与客户交谈时间过长，你们之间就会滋生出一种熟悉感。有时聊天的话题甚至会脱离合作本身，从而使客户对你产生一种错误的印象。更糟的是，他们会认为你很闲，没有其他客户。这样你们达成合作的概率就会更低。第2章中房地产经纪人和卖房的老人便是最好的例子。所以，通话时间越长＝潜在客户越把你当朋友，越影响合作的进行。

第三，通话时间越长，你的精力消耗得就越多。

假如你和一个客户谈了40分钟，最后他对你说："我再考虑考虑吧。"你可能会瞬间感觉疲惫，心情变差，满脑子都是回家睡觉。但还有一堆电话要打，一堆客户要接待。可你早已精疲力尽，这一个客户消耗掉了你全部的精力，不仅消耗了你生命中的40分钟，最后甚至会直接把你的一整天都"搞砸"，你跟下一个客户的谈话可能也会失去活力。

销售人员最讨厌听到这句话。为了一个客户推掉别的客户和任务，花了40多分钟，一心想把交易谈成，结果却竹篮打水一场空。

我们来总结一下：要想成为一个成功的企业家、销售人员或经理，你必须打很多电话，执行大量的任务。但如果每个电话都要打20～40分钟，效果肯定会大打折扣。通话时间越长＝通话次数越少＝转化率越低。这样只会让一个接一个的客户耗尽你的精力，让你越做越想转行。

为什么说太"热情"反而不好

假设我想买台电视，在家做足了功课，确定了想买的型号，来到商店后一眼就看到了自己想买的型号，然后我对销售人员说："我想买这一台。"

这时候的销售人员应该干什么？

还用想吗？当然是赶紧完成交易啊！立即拿来文件让我签字，问我用现金还是刷卡支付。虽然他可以向我介绍其他的产品，但没有必要这么做。像我这么"省心"的顾客不多见，不如赶紧完成交易。

但如果我恰巧碰上一个"过度热情"且缺乏经验的销售

员，事情就不是这样了。在他看来，上述交易完成得太容易了，完全没有按照他预想的情况进行。所以，尽管我告诉他我要买哪一台，他也多半会向我推销其他的电视（也许是为了提成）。在这里，他就"矫枉过正"了。

还记得之前我们说过的那个卖电视的例子吗？推销员又是说什么流畅度，又是说什么像素的。你知道我后来怎么做的吗？给我的朋友打了个电话，问他："嘿，兄弟，你那天和我说电视不能买什么样的来着？哦，行，我知道了。"然后我转头对销售员说："你再给我看看别的吧……"

我买了吗？

当然没买！

也许那天我不会在那家店里买任何东西。因为销售员一直在按自己事先构思好的流程行事，没有根据实际情况来。

在现实中，不管实际情况如何，只要客户"成熟"了，不需要你再推销别的东西，你就应该尽快把单子签了，客户需要的就是赶紧把事儿办完。如果你再继续推销别的东西，只会让客户不耐烦，破坏他们的购买欲。换句话说——这会扼杀交易。

在销售和说服中必须注意：不要跨越界限，不要过于努力，不要向不需要的客户推销。你要在个人魅力和给予关注间保持平衡，不过于激进，不硬性销售。

客户说"我需要再考虑一下"，你该怎么回答

做销售的人最不愿意听到的一句话就是："我需要再考虑一下。"

假设你与某位客户沟通的时候遵循了下面的流程：首先，通过电话、视频或者"面对面"的会议，完成对客户的"动员"，了解到他的需求和问题；其次，向他介绍你的产品或服务，给他提供解决方案，开出针对他"病症"的"药方"；再次，说明你的产品或服务能给他带来的好处；最后，给他一份没有折扣的报价（在第1章中，我解释过为什么不能给客户折扣）。

从表面上看，你已经做得很好了。但随后客户说出了人类史上最令人讨厌的一句话之一："我需要再考虑一下。"如你所知，这其实就是在说"不行"。这句话是"我先跟老婆商量一下"的"表妹"，是"我过几个月就搬家了，到时候再说

吧"的"外甥",是"假期之后再说"的"远房亲戚"。

客户并没有表现出明显的不情愿,他知道自己能得到什么价值,也得到了自己需要的所有信息,但他最终的决定是:不做决定。

他真的需要考虑吗?

可能不是,他不可能把自己关在小黑屋里,花三天时间去考虑你的建议。这多数时候只是一种礼貌的拒绝方式,一种人类惯用的伎俩:推脱。这个时候,我要送你一个万能句式,无论在谈话中还是谈话结束后说,都能迅速提高客户回心转意的概率:"没问题,只是考虑到……"

你可以根据之前谈话的内容决定后面接什么,比如:"考虑到您至少需要两周的时间来做准备,所以如果您想把活动安排在下个月,就得快点做决定了。""考虑到我的日程很快就排满了,所以如果您想在下周见面的话,就得在明天之前给我个答复。""考虑到市场上的价格一直在上涨……""考虑到这款产品现在非常热门,需求量很大,所以我不确定会不会有剩余。""考虑到政府很快会通过一项法案,对规章制度进行修改,到那时候我们现在讨论的条款就没意义了,所以您得尽快做决定。"

我们用"考虑到……"这个句式达到了什么目的?

第一，我们掌握了最后的话语权，给客户留下了思考空间。

大多数情况下，客户说"我再考虑考虑"的时候，我们只能无力地嘟囔几句，颓丧地说："好吧。"然后对话就结束了。这时的对话节奏是由客户掌控的，最后的话语权也在客户手里。但通过使用"考虑到……"这个句式，我们抢回了最后的话语权，同时也从自己的角度传达出了重要的信息。

第二，我们用到营销中一个重要的工具："稀缺效应"。它能帮助我们有效地处理"推诿责任之人"。

当客户说"我再考虑考虑"的时候，潜台词是："我有的是时间，没必要着急。"对他而言，条款反正已经谈好了，你又随叫随到，他只要在有需求的时候直接联系你就行了。但如果你使用"考虑到……"这个句式，就能让客户清楚地知道，他的潜台词可能是不成立的。他了解到价格有可能变化，等一等意味着可能要多花很多钱。

你要让客户对自己的潜台词产生怀疑，这种怀疑足以在短期内改变他的想法。如果在谈话结束时客户还没有和你达成交易，你就要争夺最后的话语权，让你的最后一句话以"考虑到……"开始。

为什么给客户的报价不能用价格区间

我们知道,产品或服务的价格很多都是不固定的。它取决于诸多因素,如竞标者的数量、交易地点、物流成本、产品类型等。假设现在有客户向你咨询价格,而你又给不出具体的数字,你会怎么办?一般来讲,你会提供一个价格区间,比如:"我们的车间成本是3000~5000美元,具体是多少取决于……""建网站的价格不固定,一般是3000~10000美元,这取决于……"这是商人经常犯的典型错误。

为什么这么说?因为客户往往会"选择性倾听"。

就拿建网站来说,如果你给出的价格区间是5000~15000美元,言外之意就是花5000美元和花15000美元建的网站的质量不一样。5000美元只能建一个不包更新的、只有基础功能的网站,而15000美元可以建一个包更新的高级网站。价格越高,配置越高,但客户往往只会听到5000美元。客户总想花5000美元买到15000美元的产品或服务的质量,好比我们想花斯巴鲁或福特的价钱买宝马。这是人的基本需求,也是导致"选择性倾听"的原因。

你按照客户的要求把网站建好了,客户在交钱的时候却说："什么？你不是说5000美元吗，怎么成15000美元了？"看吧，他就是想花最少的钱买最好的产品。

怎样防止这种情况的发生呢？

第一，不要给客户报价格区间。因为他们往往只会听到自己想听的那个价格。

我的公司有咨询服务，有时客户会问我："咨询一次是多长时间？"如果我回答"1.5～2小时吧"，那客户只能听到"2小时"。

如果我提供了1小时50分钟的咨询，有的客户就会生气，觉得我"欠他"10分钟。但如果我一开始说只有1.5小时，实际给他讲了1小时35分钟，他就会很高兴，觉得自己赚了几分钟。

第二，如果有好几个价格可以报，那就直接报最高的那一个。

还是拿建网站来说，你可以直接跟客户说："包更新的顶配网站，我们都收15000美元。"这样你就在客户心中设定了最高的价格，这在市场营销中被称为"锚定"。如果客户想跟你讨价还价，你可以直接对他们说："你觉得太贵的话我们也有便宜的，5000美元，是不包更新的低配版。"

如果他真的选择了低配版，你也不必气馁，因为他可能会对你产生一种感激之情，毕竟你给他省钱了。不过据统计，很少有人会选最基础的那一款，大部分人还是会选配置高一些的。

第三，如果你有好几种产品或服务，价格都不一样，在向客户介绍时，就必须解释不同的价格分别对应哪一种产品或服务，不要在它们之间建立联系。拿我提供的咨询服务来说，我可以对客户说："我们有时限1.5小时的咨询服务，主要给您提供……""也有时限3个小时的咨询服务，主要给您提供……"当然，这两种时长的服务内容肯定是不一样的。把它们区别开来，作为互相独立的部分来介绍，而不要全部纳入一个价格区间，当成一个整体来介绍。

一句简单的话，会让一个满意的客户重视你为他们所做的事。客户不满意，就不会给你报酬，甚至不会尊重你。

心情不好、不想和客户交谈时，应该怎么办

这种情况每个人都会遇到，我也如此。

如果你很懒，那你一般不会给自己制定明天的日程表。但，就算没有日程表，你心里也很清楚明天一定有很多任务要

完成，比如给客户打电话：挖掘新客户，维护老客户，或者推进与现有客户的合作进程，甚至有可能是指导学员或病人。

但当我们起床的时候，总有那么些时候会不想和人说话。

可能是因为你和爱人吵了一架，你很疲惫；还可能仅仅是因为夏天的闷热潮湿让你的心情十分烦躁。但无论哪种情况，你都会觉得自己没有精力。

人们总是爱谈一些积极的话题，如无穷的能量、积极思考、进取心等，但即使是最有活力、最活泼、最有进取心的人，也会偶尔有情绪低落的时候。这时候你该怎么办？那些没完成的任务怎么办？约定好今天要回访的客户怎么处理？通过网站联系你的客户怎么接洽？

很抱歉让你失望了，这个问题并没有什么完美的解决方案，也没有适合每个人的万能公式。不过，我的处理方式也许能给你一些参考。我的生活和工作节奏都非常快，所以我需要严格管理自己的时间，经常需要一心多用，有时候还要在一周内见很多人。当我沉溺于低落情绪时，一般会这样处理：

首先，"顺其自然"。

因为这种情况并不经常发生，多年的经验让我学会变得"佛系"，尤其是学会跟着感觉走。当我感觉自己心不静、不想与客户交谈的时候，我就会选择"放手"，在接下来的几小时里什么也不干。

只有在专注的时候,人们才有较高的工作效率。我在效率高的时候,几小时就能写完你现在正在读的这种小章节,写个销售脚本或讲座大纲也用不了几天,哪怕是出本书也只是几周的事。但当我不专心、不想干活的时候,能在电脑前坐一整天,把玩着纸和笔,什么也不干。(我会因写不出任何东西而感到沮丧,会对自己生气!)

心情好的时候,我可以同时和好几个人交谈,还能带动他们的心情也好起来;可以连着讲好几小时的课,连着做12小时的咨询服务。一旦我的状态不好,如果不是特别必要,我一般不会和客户交谈。因为负能量和正能量一样,都会传染。

在进行销售谈话的时候,如果我一直向客户传达某种消极情绪,那么即便我的话术和平时一样,销售谈话也会走向失败,客户可能也不会和我合作。你可能会问:"这就是你说的顺其自然吗?"

当然不是。

我说的顺其自然是指做一些其他的事以消解不好的情绪。可以去跑跑步,散散心;可以休息1小时,做一些不费脑的事情,如洗洗碗、整理整理文件、擦擦桌子;等等。

一般来说,只要我这么做了,坏情绪就会随之烟消云散,轻松、愉快的感觉就会随之而来。但问题是如果你没有条件这么做,应该怎么办?比如,事情真的推不开,这时候我只能建议你硬着头皮上,但在这个过程中,你要给自己一种"我喜欢做这些事情"的心理暗示。

举个例子。我经常会忙得心力交瘁,有时候一天要上两三节课,或者连开10~12小时的会议。结束的时候自己早已筋疲力尽,但是一天的日程安排还远没有结束。这时候,我的心情就处在崩溃的"边缘",而跨越它的办法就是将负面的内心活动转变为正面的心理暗示。

比如,一天我要开三场讲座。现在,我已经开完了前两场,正开车赶赴第三场。这时的我早已疲惫不堪,所以我负面的内心活动可能是这样的:"真是晦气,我当时到底是怎么想的,居然连着安排了三场讲座,实在是讲不动了。唉,要是听众都不来或是把票退掉就好了。"

注意,只要我这么想,第三场讲座的气氛就一定会很差。听众能感觉到我情绪不佳,他们的情绪也会被我带动,最后只会带着满腹牢骚离开。这时我必须强行给自己一些积极的心理暗示。比如:"多亏了这三场讲座,给我带来了这么多客户。""努力了这么多年,终于看到自己的日程表被排满的样子了。这不就是自己多年来一直追求的吗?看看,这么多人买了票，大老远开车过来，就是为了听我的讲座。我可不能辜负他们的期望啊，必须把自己最好的一面展现出来。"

如果觉得这些话太过冠冕堂皇，太理想化，那么看看下面更朴实的心理暗示：

"走走走，开完这一场，今天就忙完了！"

"再过2小时就能回家看比赛了！还能见到老婆孩子，说不定还能吃顿大餐。"

所以，同样的任务，想法不同，心情就不同。

给消极的内心活动一个积极的心理暗示，你眼中的世界便大有不同。

为什么大多数初创企业最终都会倒闭

大多数初创企业的生命周期如下：

一切始于一个想法，创业者根据这个想法开展工作。在初始阶段，创业者可能只能在地下室工作，情况稍微好点的会租间办公室。同时，他们会从投资者那里集资，也可能求助风投公司，家境好一些的会求助父母。然后，他们会雇用一些程序员、设计师和工程师，以开发最新、最好的产品、服务或应用程序，为终端客户打造良好的用户体验。

如果成功筹到了资金，一时忘乎所以，他们就会雇用更多的开发人员、工程师、程序员和设计师。员工数量的增加使得本来就小的办公室不够用了，就需要租一间更大的办公室。事业有了起色，他们就带着团队和潜在客户一次又一次地攒饭局，不断地开发产品、网站和应用程序的新版本。这时候，筹集的资金开始越来越少。

突然有一天，公司里有人说："咱们好像没营销啊？"但他立马就被打断了，还被告知："好产品才是硬道理，营销都是后话。"于是，他们没有进行营销，只是一味地继续开发。

与此同时，第一轮筹集的资金也用完了，他们打算开始第二轮融资。很幸运，融资成功了。还是像以前一样：他们高薪聘请最好的开发人员、程序员和工程师，付着高额的房租，纳着高额的税。到了后期，本来留着用于营销的钱也被拿来补当前的"窟窿"。于是他们又开始下一轮融资。

但这一次幸运女神没有眷顾他们。

公司倒闭了，他们的账户余额变成了0。

我们不妨想一想，就算他们又一次融资成功了，又有什么用呢？一旦竞争对手的公司开发出类似的产品，他们就不得不继续动用剩余的钱来开发新产品，以求打败对手。

在这种经营模式下，他们能得到的最好结果也不过是完成优质产品的开发，拥有一批潜在的客户。就算如此，他们最终也还是会失败。多年的苦心经营，可能一分钱都换不来。他们可能有时连吃饭的时间都没有，只能在办公室吃汉堡、喝可乐，真是太不值了。而一切的失败，都归咎于他们没有对自己的产品进行营销和销售，没有给广告、公关和互联网宣传预留出足够的资金。更糟糕的是，偌大的团队中，居然一个销售人员都没有！他们甚至都没有考虑过这个问题。

所有的程序员、设计师和工程师都非常专业，这一点毋庸置疑，但他们对营销和销售没有任何概念。

这便是大多数初创企业倒闭的原因之一，只有好产品和野心，没有客户和收入。

一小部分成功的初创企业是怎么做的呢？他们的生命周期是怎样的？

一切依旧始于一个想法。但创业者会先找一些潜在客户和投资者进行咨询，检验想法的可行性。他们也会开发网站、应用程序或其他产品。与此同时,也在公司里设立专门的营销部门,雇用一批销售人员,向世界各地销售产品。

他们成功的速度肉眼可见:销售人员带来大量客户,网站的流量持续增长,应用程序的好评猛增,邮件列表里的联系人和潜在用户的名单也在变长。

融资时肯定少不了向投资者做汇报,有了这些成果,他们在做汇报时就拥有了"社会认同"。他们的融资活动和创业失败的人不一样,他们会带着一种"你不投资,照样有人愿意投资"的态度去融资。

如果融资成功,他们会疯狂"扩张"。如果不成功,他们也不担心,公司一样能过得很好。因为他们有这个资本。因为公司做了营销和销售。他们在做产品之前,已经发展了一批有需求的客户,不需要为销路发愁。

这种营销模式被称为"产品发布前的市场营销",是过去10年中全球最热门的商业营销模式之一。

举几个例子:

- 有些人在办讲座的时候,会先用几个月时间打磨讲座的内容,等到内容趋于"完美"再开始寻找听众。我从来不这样,我都是先给讲座列出提纲,然后用几个月的时间把票卖完,最后才开始准备讲座的内容。

- 在eBay[①]上卖东西，不要急着囤货。等到客户下了单、付完款，再去备货。或者，你可以直接去找一家供应商，在客户提交订单后，再通知供应商将商品发出去。这就是所谓的"代发货"。
- 在亚马逊上卖书，等客户提交完订单、付完款，你再去把书印刷出来，然后快递给客户。这被称为"按需印刷"。
- "众筹"——我们以出书为例：你写了一本书，想出版，于是投入数千美元印刷了2000册，然后把它们投放到市场上去卖。显然，这种模式是错误的。正确的做法应该是：你在网络平台上宣传已完成或拟创作的作品，同时设定众筹期限及金额，让消费者认购自己感兴趣的出版项目。若众筹期届满，达到预筹金额，则该作品众筹成功，就可以使用所筹资金出版。图书出版发行后，你再给予消费者包含图书在内的有价值回报。

今天，大多数成功的初创企业都遵循了上述的商业模式。他们不会完全依赖老牌的融资机构，而会直接向大众集

---

① 译者注：网购平台。

资,并建立一个忠实的客户群体。

众筹这种方式可以被运用于各行各业,它可以帮助创业者绕过出版商、风投公司、银行、音乐厂牌……

在上述的例子中,营销和销售都在企业经营中占据十分重要的位置,是企业经营的"生命线"。这一章的重点是创造性,下一章中,我会教你如何打磨营销信息、如何进行营销写作,以及如何用内容来打动客户,激励他们采取行动。

关键知识点

用与众不同的方式进行营销和销售:

- 客户的决定都直接受到以下因素的影响:你的个人魅力,你对客户的渴望程度,你与公司各部门之间的人际关系。
- 成功与否和你所从事的职业无关,与你的谋生技能和说服能力有关。
- 不要说你竞争对手的坏话,不要向客户提起他们。
- 不要把你的产品和服务一股脑儿地全给客户,要根据客户的喜好推荐不同的产品或服务。
- 先了解客户的需求和兴趣,再制订营销计划。
- 人们在内疚时更愿意付出。思考激励客户消费的因素是什么,包括情感因素。
- 先销售问题、需求或痛点吸引客户的注意,再提供解决问题的"药方"。
- 人们在"常规"之外往往花费更多。
- 客户的感觉越好(无论和你有没有关系),与你进行合作的概率就越大。
- 战略规划对合作的开展和转化率的提高有着至关重要的作用。
- "电梯游说"的真正目的是唤起对方的兴趣,让对方愿意与你继续交谈。
- 让身边的人清楚你是做什么的,让他们帮你介绍客户。
- 与客户交谈的时间越长,合作的概率就越小。
- 不要向没有购买意向的客户推销。

- 在销售谈话结束时,如果客户没有意向合作,一定要争取最后的话语权,以"考虑到……"开始。
- 报价的时候不要给客户价格区间。
- 如果你不得不做一些自己不想做的事,给自己一些积极的心理暗示。
- 在产品推出前先进行营销——先了解客户的需求和预算,再开发产品。

07

用营销写作将他人置于整个说服过程中

如何写出吸引读者的精彩标题

当今商业世界的大趋势之一是：营销写作。如今的商业帖子、通讯、专栏文章、报道、传单、登录及销售网页文本，都需要以营销和销售作为导向来撰写。虽然形式各不相同，但其目的只有一个：通过内容来激励客户采取短期或长期的行动。

那么，如何撰写标题才能引起网民的兴趣，激发他们的阅读欲望呢？

我们不妨来看看我曾做过的一个小测验：自2004年以来，我一直在研究营销写作和行动号召，我采取了一种被我称作A/B测试的实验形式，分别对我的邮件列表、出版物以及客户进行统计分析。

该实验具体的操作流程是：

1.撰写一篇文章，拟两个不同的标题：A和B。

2.从邮件列表中抽出两组联系人作为实验的样本。一组发送标题为A的文章，一组发送标题为B的文章。

3.几天后检查两组邮件的阅读情况，将阅读量高的邮件发送给邮件列表里剩余的联系人。

通过多年的测试，我得到以下启示：

- 启示1：人们更喜欢具体、实用的"干货"，而不是抽象的标题。

案例1：
标题A——"为什么在给客户报价时不能报价格区间？"
标题B——"为什么顾客只会听到自己想听的东西？"
标题A获胜。

案例2：
标题A——"如何通过简单的操作拉近与客户的关系？"
标题B——"为什么要通过WhatsApp给客户发消息，而不是短信？"
标题B获胜。
获胜的两个案例的标题传达的信息都更加具体。

- 启示2：从本质上讲，人们对风险的厌恶大于喜欢。所以，相较于取得更大的成功，人们更希望规避风险（这是所有经济理论的根基，通常被称为风险规避或风险承受能力）。

案例：
标题A——"如何防止你的客户对你失望？"
标题B——"如何让你的客户更欣赏你？"
你认为哪个标题获胜？答案是标题A。
因为人们看重的是自己的既得利益，不希望利益受到损害。

启示3：人们更喜欢小众的、私人的、个性化的信息，而非普适的、抽象的信息。

案例1：
标题A——"如何引导客户多花钱？"
标题B——"背包客、新父母和新兵有什么共同点？"
小提示：人们看标题时，首先考虑的是和自己有没有关系。
所以，获胜的是标题A。

案例2：
标题A——"如何把'日抛'客户转变为永久的'回头客'？"

标题B——"家用打印机和电动剃须刀有什么共同点？"

在这组标题中，标题B很有趣，也很吸引人，但获胜的是标题A。

因为人们永远把自己的直接利益放在首位。

这三点启示能帮你提高邮件的阅读量、社交媒体的转发量、网站的访问量以及视频的浏览量，为你带来更多的潜在客户，进而提高你的收益。

本章我将为大家提供一些营销写作工具和技巧，它们不仅趣味横生，还十分实用。

使用哪些词汇能吸引更多的注意力

每隔几年网上就会涌现出各种对"最具影响力词汇"的评选。人们会评选那些最能吸引人们注意力，最能促进消费，最能调动人们参与投票的积极性，最能给予人们公开讲话的勇气的词汇。

在过去的10年，有一个词排在了注意力吸引指数排行榜的第一名："秘密"。

"我有个秘密要告诉你""……的秘密揭晓""让你获得成功、赚得更多、收获爱情的秘密"，等等。

为什么人们这么喜欢听秘密？

因为研究表明，在当今时代，我们每个人都活在有很多事情我们应该知道，但还不知道的感觉中。我们在自己的专业领域里非常自信、强大，仿佛无所不知，但在其他一些领域中，会觉得还需要提升。

就拿恋爱关系来说："我和我爱人的关系总体上还算不错，但和另一对夫妻完全没法比。他们已经在一起20年，但每次碰见他们，他们都手牵着手，就像刚恋爱时那样。他们如此恩爱的秘密是什么呢？"

再拿自我管理能力来说："我的时间管理能力还算可以，做事情一般比较专注、有效率。但坐我旁边的那位女同事，总是能在极短的时间里完成大量的工作。她的效率如此之高的秘密是什么？"

最后一个例子："在我看来，我赚的钱已经够多了。但我认识一个人赚的比我多得多。而且他看起来总是很高兴，仿佛轻轻松松就赚到很多钱。我很纳闷，他赚钱怎么这么容易呢？有什么秘密吗？"

我们这一代人应该没有人认为，"我的生活是完美的，没有任何需要改进的地方"。在这个竞争激烈、数字化、以营销为导向的时代，人们会收到大量的信息，来自文章和广告，不停地告诉你："你还有很多没有做过的事，很多没去过的地方。"

我们总想要"更多"，为了获得"更多"，就要知道正确的"秘密"。

你想吸引更多人听你说话吗？想让更多人从你这里消费吗？那就向他们透露你的专业秘密吧。

注意，我特意使用了"透露"这个词，而不是"传授"。原因就在于，人们看到"透露"这个词（也出现了在排行榜上），马上就会联想到"秘密"。而"传授"这个词往往直接与学校相关。谁会想回到学校，再坐在教室里学习呢？

在你的专业领域内解决客户的痛点，向他们介绍你的产品或服务时，要注意强调他们能从中得到的好处，还要告诉他们，与你合作，他们能得到更多：改善他们的生活质量、增加他们的收入、使他们和员工的利益最大化，等等。

为什么适当地表达情绪,客户会买得更多

请求合作、发送报价、商务谈判,这是给客户写的邮件的三种内容。

第一种措辞:正式、实事求是。

"亲爱的鲁迪:

我已按你要求附上报价。

请注意查收。

马特"

这是大多数人写邮件的措辞——没有任何个人魅力,没有对收件人发出更多的问候。

第二种措辞:更加和气、礼貌、随意。

"嘿,鲁迪:

最近怎么样?

我想跟进一下咱们的谈话,邮件末尾的附件里有你要的

报价。

请查收。

祝你一切顺利。

马特"

内容依然比较务实，但是多了一份和气。最重要的是，用这种措辞，即使邮件的内容是些不愉快的事情，你们之间的"友情"也不会受到很大影响。

例如，如果你是面试官，觉得一个应试者并不合适，你可能会这样做：

1. 干脆不给他回复。这是一种相当令人厌恶的行为，而且不是以服务为导向的。但很多企业都是这么做的。

2. 参考我举过的例子给他们回复，比如：

A，第一种措辞：

"亲爱的鲁迪：

经审定，我们认为你并不符合公司的要求。

马特，人力资源部"

B，第二种措辞：

"亲爱的鲁迪：

最近过得如何？首先，很感谢你来参加我们的面试。

很遗憾，经审定，我们认为你并不符合我们公司的要求。

今后若有机会，希望能与你共事，祝你取得成功。

祝福你。

马特，人力资源部"

这两种回复的方式都在传达同样的信息：鲁迪没有得到这份工作。但第二个版本比第一个版本好太多了，语气不像第一版那样冷冰冰的，还能增加鲁迪为公司宣传的可能性，也便于双方在日后相见。

如果要给正在合作的客户回复，该怎么写呢？

这就涉及第三种措辞，范文如下：

"嘿，鲁迪：

最近过得怎么样？

上次与你相见，相谈甚欢。我已将研讨会的报价单附于信尾，请注意查收。该研讨会旨在提高贵公司经理和员工的销售、营销和说服能力,并提高贵公司各部门的凝聚力。希望你能接受该报价,尽快回复,我将不胜感激。

期待与你的合作!

马特"

充满个人魅力,以服务为导向,还提及了之前在电话、会议中说过的具体内容。但很少有人这样写。使用这样的回复能给客户留下深刻的印象,增加客户的合作意愿,客户也更有可能以同样积极的态度回复。

以上都是前几年的一件事给我的启发。那时候,我和一个出版商开会。这个出版商是个乐天派,名字叫乔治。他在会议上给我看了一封邮件,是一家大公司的采购经理发给他的,大意是她想为员工采购一大批图书,作为节日的礼物。

邮件的内容非常简单,她是这么写的:

"亲爱的乔治:

我欲订购100本亚尼夫·柴德博士的《创意营销》,请给我发份报价。

安妮"

然后就没了。但乔治给她回复了一封非常热情的电子邮件，内容如下（具体报价已被隐去）：

"嘿，安妮：

最近怎么样？

能收到你的邮件，我太激动了。

我们很高兴贵公司选择《创意营销》这本书作为礼物送给你们的员工。我们确信他们会喜欢它，并从中获得很多知识。我现在将报价发给你，并给你寄一些亚尼夫·柴德博士的签名版样书。

乔治"

不得不说，就算是我这种无比乐观、热爱生活的人，都觉得他这封邮件写得实在是太夸张了。于是我问他：

"你为什么要写'我太激动了'？这不就等于在变相地说这本书卖得不好吗？你又不是不知道，这本书其实卖得非常好。'我太激动了'听起来像是奉承，而且太情绪化了。"

但随后他给我看了这位采购经理回过来的邮件。开头这样写道：

"我们也非常激动！很高兴能与你们合作……"

在那一瞬间，我被上了一课。我突然意识到：你如何对待别人，别人就会如何对待你。在收到一封积极回应的私人邮件时，即便是刻板保守的人也会很高兴，更有可能做出积极的回应。记住，在你写邮件时，态度和措辞越积极越好。

第三种措辞不仅能拉近你与客户的距离，还能拉开你与竞争者的距离。它能引导人们对你产生好感，从而增加销售量！这才是最重要的。

要诚恳，要慷慨，要乐观。无论是发邮件、打电话，还是面对面交谈，只要与客户对话，你都要给予对方充分的关注。

为什么我们在知道结局之后还会继续看电影

你有没有这样的经历，在看一部浪漫电影（尤其是好莱坞的经典之作）时，电影还没放完，你已经知道了它的结局？

举个例子，电影《当哈利遇到莎莉》讲述了两个主人公在不同的人生阶段相遇的故事。在影片中，观众可以明显感觉到两人之间暗生的情愫，有着一系列化学反应。然而，两人的情感道路可谓是一波三折，不是哈利在与别人谈恋爱，就是莎莉在与别人谈恋爱，似乎两人很难成为情侣。

但在很多观众看来，电影结束时两人之间的"条件一定会成熟"，他们一定会成为一对，从此过上幸福的生活，这是显而易见的事。没错，就是这样的。很多时候，电影还没放完，人们就已经知道了结局。

还有一个例子与战争和动作电影有关，如《洛奇》《兰博》《绝命毒师》《星球大战》等。电影没结束的时候我们就知道，"好人"最终一定会取得胜利，兰博一定会带着所有战俘从越南丛林回来，卢克·天行者也必将赢得与达斯·维达的最后一战。

既然我们已经知道了结局，为什么还要看完电影呢？因为电影就像一段旅程。诚然，人们虽然大多比较关注事情的结果，但通往结果的旅程也同样有趣。好的编剧、作家和主持人都会十分注重他们讲故事的过程，这对听众、读者和网友来说与结果同样重要。

故事的小细节是最重要的。讲故事可以在工作会议、商业演讲，甚至是与朋友的交流中，但无论哪种场合，小细节永远是故事的关键。然而，一些人往往忽略或跳过小细节，直接进入故事的结尾。这会严重降低故事对听众的吸引力，最重要的是，故事的说服力也大打折扣。

几年前，一所寄宿学校的两位校长找我咨询。其中一位校长刚走进办公室就对我说："昨天晚上，有个学生喝得烂醉回到学校，弄出很大的动静，把大家都吵醒了，我们费了很大功夫才让他平静下来。"

在咨询期间，另一位校长又重复了一遍这件事，他讲述的方式有些不同："凌晨两点，我们突然听到高年级学生的宿舍传来了一阵叫喊声，我们赶紧上楼，看到一个男生从城里回来了。他喝得烂醉，把其他三个室友都吵醒了，一边骂人一边扔东西，根本不知道自己在哪里。我们想把他控制住，但是很难。我们不得已把他拖到了外面，他一直在大厅里尖叫咒骂，把整个楼层的学生都吵醒了，走廊里的声控灯也亮了。学生们纷纷探出头来看发生了什么事。我们看这样不行，就把他带到了花园。他在草坪里呕吐不止，身体止不住地发抖，我们就给他盖了个毯子。过了半小时，我们把他带回了宿舍，让他躺在床上。我们坐在床边陪着他，等他睡着了才走。"

同样的故事，不同的讲述方式。你觉得：

- 哪个故事脉络更清晰，更容易理解？
- 哪个故事让你的情感更投入，更身临其境？
- 哪个故事更能激励你采取行动？
- 哪个故事听起来更有趣？

很明显是第二个，它的讲述方式比第一个好太多。

第二个讲故事的人保留了事情发生过程中的小细节。这种方式让听者更有代入感，更能想象在半夜把一个喝醉酒的男生拖到宿舍的走廊上，又把他带到外面的花园里的情景，可以从故事中体会到寄宿管理学校的不容易。

好的说服者，一定是会讲故事的人，知道如何以有趣和新颖的方式来讲述某件事情。在给别人讲故事或介绍想法时，不要跳过细节，也不要试图节省时间。要毫无保留地提供信息，把重点放在小细节上，这样客户才能更好地理解你的信息。

美国总统贝拉克·侯赛因·奥巴马是如何亲自关注数百万人的

许多人认为，美国总统贝拉克·侯赛因·奥巴马之所以如此受欢迎，是因为其出色的公共演讲能力。他的演讲能力的确为他的事业增色不少，但除此之外，他对通信列表和病毒式营销的妙用，也是促成他两次成功当选美国总统的重要因素。

是的，没错，即使是在全世界拥有数百万粉丝的奥巴马，也会亲自给予粉丝团体大量的关注。在2010年到2014年的这几年里，我一直在奥巴马电子邮件的发送名单上，他在网上的许多活动也给了我很多启发（声明一下，我在他的邮件名单上和我的政治立场没有关系，只是因为我想向他学习）。

2012年，奥巴马正在竞选第二个任期的总统，发给他的粉丝（包括我）一封邮件：

"嘿，伙计们，你们好吗？我这些天忙得焦头烂额，经常要四处奔走，见很多人……"

这就像是个普通老百姓在跟我们说他这些天的困扰，又像是经常来家里做客的朋友在跟我们抱怨工作有多累。不过，人们很吃这一套，因为人们都喜欢窥探一些自己不知道的事。

"下周我们要去见几个弗吉尼亚的朋友……"

这是一场著名的筹款活动，每个参与者要花费1000美元。但奥巴马并没有谈及钱的事，相反，他把这个活动描述成一场会面，就像和一群人出去玩一样。值得注意的是，在他数以百万计的读者和粉丝中，只有几万人住在弗吉尼亚地区。所以这件事只与这部分人有关，但他特意把这事告诉了所有的联系人。

他接着说，"米歇尔和我都很期待与你相见。"

这场活动其实只有几百到几千人能参加。所以，收到邮件的人几乎没几个能与奥巴马交谈，甚至可以说连面都见不上，但他的意思好像每个人都能和他交谈半小时一样。

在邮件末尾，我记得最清楚的一句话是："这应该挺有趣的！"

你明白了吗？美国总统！国家的领袖！看似是在说："来找我吧，这应该挺有趣的！"实际上是在给自己拉选票呢。

如果奥巴马这种总统级别的人物都能让自己与民众如此亲密无间，那你是不是也可以像他一样给予周围的人更多关注？或者退一万步讲，在表面上给予他们一些关注？

你当然可以。

在向客户说明折扣的时候，用百分比还是具体金额

折扣的最佳方式是什么？是用百分比（"15%的折扣"），还是用具体金额（"150美元的折扣"）？不能一概而论，具体情况要具体分析。这个问题会极大地影响你的收益以及客户对你的态度，所以世界上曾出现过许多关于这方面的研究。

我阅读了大量这方面的研究报告，又结合多年和客户打交道的经验，得出一个结论：看情况。也就是说，采用哪种方式，要看产品或服务的原价。

如果价格相对较低——不超过100美元，以百分比的形式呈现比较好，这会让折扣力度听起来比较大。

如果产品价格超过100美元，用具体的金额来呈现比较好。

这是一个大多数人都不知道的小细节，但它对你的收益十分重要。

为什么邮件里出现一些拼写错误也无妨

2009年,我到得克萨斯州的达拉斯参加一场大型营销会议,主办方是美国的两位顶级营销人员:比尔·格雷泽和丹·甘乃迪。

这场为期四天的会议被称为"2009年赚钱大会",约有来自世界各地的1200人参加,来自美国的许多顶级讲师和销售人员都开设了讲座。我除了开讲座外,还要确保自己每年至少参加一次专业领域的国际会议,以便了解新的营销方法,并与来自全球的同行建立联系。

比尔·格雷泽是世界最顶尖的营销写作专家之一。他在其中的一场讲座上分享了如何撰写营销材料才能提高客户的转化率,营销材料包括电子邮件、传单和给客户的信件等。

在他讲话时,突然有一位女士站起来喊道:"我不得不说,你的邮件写得有问题!"虽然比尔·格雷泽被这突如其来的一嗓子吓到了,但他没有打断这位女士的发言。她说:"我是一名语言学教授,你的邮件里有很多拼写错误和语法错误。我读你的邮件已经很多年了,每次都很惊讶,像你这种地位的人居然会允许自己用大白话写作,有时还犯语言错误!"

（显然，这位女士不是为了纠正比尔·格雷泽的错误，如果是这样，她大可以在格雷泽休息时单独告诉他。她提问完全是为了营销自己，向所有人表明她比格雷泽更聪明，还能间接炫耀一把自己是语言学教授。）

我对她的问题感到很惊讶，同时也感到高兴。我靠在椅背上，心想："幸好在台上的不是我，我倒是能看看他会怎么处理这件事，看看他当着这么多人的面如何回答这个问题。"

比尔·格雷泽笑了，说道："那我只能说，你就是我们的理想客户！"这个回答让所有人震惊，连我都觉得有点出乎意料。

当然，震惊的还有那位女士，她不明白格雷泽是什么意思，观众也不明白。格雷泽又说："你是不是一字不漏地读了我所有的邮件？那我的目的就达到了。当你写营销材料时，肯定是希望读的人越多越好，读的内容越完整越好。这样，你撰写的营销材料才能发挥最大的效果。

"虽然你是为了找我的错误才去读的邮件，但你确实认认真真地阅读了每一个字！这就是我想要的效果。"

随后，格雷泽给了这位女士最后一击，说："无论如何，你已经出现在这里了，对吗？会议你来了，钱你也付了，讲座你也听了，原因是什么？"

"还不是因为那些电子邮件。"女士理解了他的观点,嘟囔着坐了下来。

当时的情况至今还历历在目,这件事对我的讲师生涯产生了很大的影响。听众想通过"负面的"问题破坏比尔·格雷泽的权威,但格雷泽反倒利用这个问题加强了自己的权威。同时,他也将这件事作为营销写作的案例讲给了观众。

真诚很重要。如果没有拼写错误,就要尽量保证信息的简洁,就像脸书的帖子、推特的推文、短信那样;如果有拼写错误,就必须保证信息的正确,引起读者的共鸣,让读者感受到你非常想帮他们提升某些技能。此外,你还要在文中增添一些有附加价值的内容。只有这样,你的读者才会原谅你的一些拼写或语法错误,允许你使用俚语。也只有这样,才能既不造成文本信息的缺失,也不影响自己的客户转化率。

是否要标明产品或服务的适龄人群

我的小儿子约阿夫7岁时,有一天,他在玩具店里看到一个棋盘游戏，盒子上写着"适合4～99岁的人群"。然后他问了我一个非常天真又很有趣的问题："爸爸，是不是我100岁的时候，这个游戏就不再适合我了？"

这个问题让我忍俊不禁。其实"适合4～99岁的人群"真正的意思是说这款游戏适合所有人。不过，通过这件事我想建议你：在向客户介绍自己的产品或服务时，最好能说明它具体适合哪个年龄段的人。

因为从营销的角度来看，适龄人群这样的说法是个非常不错的噱头。虽然从表面上看，这种做法会缩小受众范围，将许多人排除在外，但实际上可以提高客户的转化率。

原因就在于标明适龄人群后，读者就能以此判断两件事：第一，自己的年龄符不符合，产品或服务对他们是否有好处。第二，如果自己的年龄不符合，自己的朋友是否符合。如果符合，他们可能就会把适龄的朋友介绍过来。

这就是我获得新客户的方式。

举两个例子说明一下。

第一个例子：在写童书的时候，我在所有的广告中写道："如果你的孩子或孙辈在2～7岁，那这本书完全就是为他们量身打造的！"

我这么一写，销量确实增加了。

注意，我不光写了孩子，还写了孙辈。目的就是扩大目标受众，让人们考虑给他们的孙辈也送一本。如果没有写，他们可能会说："哦，跟我没什么关系，我都有孙子了。"

第二个例子：我的一个客户是承办婚恋活动的，具体的工作内容就是为单身人士组织世界范围内的约会旅行。他会收集潜在报名人员的身份、年龄等信息，然后在宣传的时候写道："针对25～35岁的单身人士，我们为您提供了希腊七日游。"从表面上看，他似乎在缩小他的客户范围，但实际报名的情况非常好，名额很快就被抢光了。

为什么呢？因为这么写，人们可以很清楚地知道这些活动是针对谁的，看到时会想：我适不适合？我朋友适不适合？

在这种时候，你的信誉及承诺就显得尤为重要。

比如，一旦规定了参与者的年龄只能在25～35岁，那就卡死了这个年龄区间不能变，大1岁或小1岁都不行。

这可能会让那些被排除在外的人十分生气，但你必须这样做。随着时间的推移，人们慢慢就会理解这种做法，他们知道你只是在履行承诺而已。当参与者发现自己身边没有年龄太大或太小的人时，可能会觉得：这场活动真是来对了！

至于你想把客户的年龄限定在哪个区间，由你自己来决定。在宣传阶段也要注意，别忘了阐明这个区间。

为什么律师有时会坏事

几年前,有一位客户要组织有生以来的第一次会议,她找到我进行咨询。她想把会议的过程记录下来,需要找个摄影师。这时候恰好她的朋友给她推荐了一位摄影师,于是她就跟这位摄影师谈了谈,要来了报价,请我看看报价单有没有什么不妥之处。

报价单一共有两页,其中标明了报价的套餐中不包含的服务:

"不包含准备工作""中场休息期间不进行拍摄""设备及硬盘需额外收费""不提供剪辑服务""摄影师将在活动结束后立即离开",等等。

我说:"我不认识这位摄影师,但看了他的这份报价,我完全不清楚他会提供什么服务。

"他只说了自己不提供什么服务,而其中一些服务恰恰是非常重要的,如在中场休息期间进行拍摄。"

之后,她朋友再次向她推荐了这位摄影师,说明了他的种种优势。她又找摄影师谈了谈,最终达成了合作。会议当天,摄影师在会议开始前就到了。他为人很好,非常有礼貌，也非常专业，工作完成得都不错，在中场休息期间也进行了拍摄，一切工作都按照她要求的完成了，直到会议结束才离开。

在摄影师离开之前，我忍不住对他说："现实中的你和报价里的你简直就是两个人。你知道吗？你那份报价单对自己的营销非常不利，差点让你错过了这次机会。"

他回答说："我是找律师写的客户协议。"

我本人也是一名律师，还是法学博士，所以在这件事上比较有发言权。在这里，我想给你透露个小秘密：通常来说，律师所接受的法律教育，本质上是站在商业和营销的对立面的。律师起草的协议通常不能促进商业的发展，反而会阻碍商业的发展，在各方之间制造猜疑，甚至会催生出根本不存在的阻力。因为律师要保护他们的客户（这是一件好事），会在协议中加入很多条款，规定如果出现争议该怎么解决（但这不是好事）。比如："如果发生这样或那样的事情怎么办？""如果双方无法达成一致意见怎么办？""如果拒不付款怎么办？""如果第三次世界大战爆发怎么办？"

我见过非常多这样的案例。双方本可以达成共识，展开合作，但由于律师的介入，谈判开始遇到麻烦，最后被迫终止合作。律师的工作性质决定了他们会让事情变得复杂，会以保护客户的名义预见不好的事情。而当他们提出这些问题的时候，双方恰恰聊得甚欢，所以律师有时会坏事。

顺便说一句，在商业方面最成功的律师，本身肯定是企业家或商人，因为他们不愿意把事情搞得很复杂。

从表面上看，那位摄影师的报价单是完全合乎逻辑的：向客户说明服务包括什么，不包括什么。也许他之前曾在这方面吃过亏，损失了不少钱。但不管怎么说，他的这份报价单确实对自己的营销非常不利。它会吓坏潜在的客户，损害自己的名声，特别是不认识他的人看到这份报价单时，反感会更严重。

合同、工作单和报价单也是说服过程的一部分，像电话和书面材料一样。

你必须保护自己的利益，把对你来说重要的事情交代清楚，把相关内容写得更有市场、更积极，并减少其中的法律色彩。因为除了律师，几乎没有人喜欢消极的复杂表达。语言有着巨大的力量，特别是当它们出现在纸上的时候。

记住，你写的电子邮件和你发送的书面材料，也是说服过程的一部分。

人们在营销写作方面的头号问题是什么

这一章是关于营销写作的内容。在最后，我想谈谈写作障碍。写作障碍不仅出现在写书的过程中，它可以出现在任何时候。比如，写博客，网站、小册子的营销内容，学术论文，文章，专业指南，社交媒体的帖子，等等。在出现写作障碍时，人们会突然卡住，忘记脑子里的思路。即使是有写作经验的人，也要花很长时间才能重新开始写作。这算是好的情况，在最坏的情况下，这种体验会打消人们的写作念头。

根据多年的经验，我发现造成写作障碍的首要原因是，人们把写作过于复杂化了。如果只是口头表达，人们往往能很容易清晰连贯地给出建议或讲授自己的材料，但要把说的话写到纸上，人们可能就想让自己变身为哈兰·科本或约翰·格里森姆这样的大文豪，希望以一种文学性的、复杂的方式来完成自己的写作。

那么，如何快速且高效地进行营销写作？在我看来，写好营销文章的第一秘诀就是：你怎么说，就怎么写。

当你写作的时候，可以想象自己正在和别人谈论这个话题，把脑子里的话转移到纸上就可以了。此外，我还经常向讲师们推荐另一种方式——自己录音，然将录音转成文字。这样他们便得到一份书面的营销材料。

我们在举例子的时候会说："以这个故事为例……"写作的时候也应该这样写。如果想把文本复杂化，可以写"让我们研究一下这个例子，它说明了……"这不但可能会让读者觉得厌烦，还可能引起他们的愤怒，毕竟很少有人喜欢听"废话"。所以，写作有时要用最简单的语言，按照你在现实生活中说话的方式来写。

关键知识点

营销写作的秘诀：

- 人们更喜欢具体、实用的工具，而不是抽象的标题。
- 从本质上讲，人们厌恶风险的天性远胜过追求快乐。
- 人们更喜欢小众的、私人的、个性化的信息，而非普适的、泛泛的信息。

- 每个人都生活在这样一种感觉中：自己还有很多应该知道但还不知道的事。在你的专业领域中有很多客户不知道的事，你要从专业的角度向客户介绍这些事。
- 使用积极、欢快、个性化的词语。
- 小细节至关重要，它们是构成故事的关键。
- 展现你的个人魅力，给予周围的人更多关注。
- 价格相对较低，不超过100美元，以百分比的形式呈现折扣比较好，这会让折扣力度听起来比较大；如果超过100美元，用具体的金额来表示比较好。
- 真诚很重要。在写作时，你要表现出对读者的关心，要让他们觉得你是真心想帮助他们的。
- 为你的产品或服务界定适龄人群。
- 合同、工作单和报价单也是说服过程的一部分，要把它们写得更有市场、更积极，并减少其中的法律色彩。
- 你怎么说，就怎么写。

08

让尽可能多的人
谈论你的好

新型冠状病毒和营销活动之间有什么联系，以及你能从它的传播过程中学到什么

有请2020年年度病毒式营销的冠军——新型冠状病毒肺炎（COVID-19）。

2019年12月初，世界上出现了第一例新型冠状病毒肺炎确诊病例。这种病毒在人类的历史上从未出现过，我们对它几乎一无所知，最可怕的是——当时没有针对它的疫苗。

研究人员在对这种新病毒进行基因测序后，发现它属于冠状病毒家族。这个家族的病毒曾造成过多次瘟疫的大流行，如非典、中东呼吸综合征（曾造成近500人死亡，造成全球范围内的恐慌）。另外，新型冠状病毒的名字和科罗娜[①]啤酒没什么关系，与它的形态有关。因为在电子显微镜下该病毒包膜上的刺突向四周伸出，形似花冠。

现在我们回到营销上。在病毒暴发后的一年里，全世界感染人数剧增。

为什么这种病毒传播的速度如此之快，范围如此之广？

---

① 译者注：冠状病毒在英文中被称作Coronavirus，前半部分的corona意为"冠状物"，科罗娜是该词的音译。

它的传播模式是：只要感染一个或几个人，人类就会自动传播。每个病毒携带者都会成为新型冠状病毒的"宣传大使"，只要他们与人接触、咳嗽几声或打个喷嚏，旁边的人就可能被感染，这就导致"中招"的人会越来越多。

最可怕的是，这种病毒不会从宿主身上完全转移到另一个人身上，而是在宿主身上不断复制，将宿主变成感染者，然后被感染的宿主可能无意间感染下一个人，将病毒不断传播下去。所以我说它是2020年病毒式营销的冠军。

信息在人们之间口口相传其实和病毒的传播是一样的。

比如，《速度与激情9》一上映，我立马跑去电影院观看了，第二天迫不及待地把电影上映的消息告诉一个朋友："这电影非常不错，你一定得去看看。"他回家后把这个消息告诉了妻子，妻子说："那太好了，咱们叫上另一对夫妇一块去看吧？"于是四人便相约去了电影院，然后他们也觉得这电影不错。第二天，他们去上班的时候又和同事分享了这部电影。

就这样，关于这部电影的消息被不断传播，越来越多的人去看这部电影。这一切都要归功于我。在这部电影"病毒式传播"的过程中，有趣的地方在于：

第一，我只把关于电影的信息告诉了一个朋友，却间接导致几十个人去看了这部电影。第二，我可以向更多的人推荐这部电影。第三，我完全出于自愿推荐的这部电影，没有人强迫我。电影院的经理和电影的创作者并不认识我，他们不会因为我的推荐而给我提成。

在数字时代，社交网络发展迅速，只要愿意分享信息的人足够多，信息的传播就会非常快。就像新型冠状病毒，在人们研发出疫苗和有效的治疗方法之前，阻止病毒传播的最佳方法就是阻止人们见面。

你想成为未来几年里病毒式营销的冠军吗？

你想让尽可能多的人谈论你的好处吗？

在本章中寻找答案吧。

为什么家长会对自己孩子的成就感到无比自豪

在过去的几年中，我对病毒式营销这个迷人的话题进行了深入的研究。在本章，我会详细讲述并阐明如何让尽可能多的人谈论你，说你的好话，成为你的宣传大使，并如何以最低的成本、最少的努力做到这一点。

病毒式营销模式最重要的一个原则是：如果你的宣传能为你的宣传大使打上有趣、成熟、有才华的标签，那他们一定会不遗余力地谈论你，向朋友宣传你。他们不仅在推销你，也在提升自己的形象。有些时候，他们自己也没有意识到这一点。虽然他们主要宣传的是自己，但你依旧可以坐享其成，享受他们为你带来的好名声。

为了证明这一点，我举一个大家都很熟悉的例子：那些对孩子的成就感到无比自豪的父母。想象一下，一位母亲正在与她的邻居交谈，脸上满是自豪。她告诉邻居："我儿子刚刚以优异的成绩从法学院毕业，还拿到了国内一家顶级律所的录取通知。"

这个母亲看似在推销她的儿子，自豪地谈论他，提升他的形象，实际也夸了她自己。虽然她没有参与儿子的学习生活，但在她的潜意识里，儿子能取得这样的成就离不开她这样的母亲。她想证明自己是一个好母亲，教育儿子的方式非常好，他才能够学习、事业双丰收。她想证明儿子的成功就是她的成功。

那么，你想不想让你的客户谈论你，说你的好话？

那就尽力让他们一想到你，就想起你的独特之处。

如何做到这一点呢？这一章就是要解决这个问题。

如何在不付出任何成本的情况下成为人们的谈资

2014年2月,我在一场女企业家会议上发言。会后一位与会者走过来对我说:"虽然我们并不认识,但我想告诉你……你改变了我的生活!"

这句话非常出乎我的意料,马上引起了我的兴趣。我便问她,我是如何、为什么改变了她的生活。她说:"我是一名讲师。以前每次做演讲的时候都很怯场,处于一种近乎瘫痪的状态,不管我准备得如何充分,演讲最后还是会被搞砸。

"几年前,我在一个论坛上偶然听到你的演讲。当时你说了一句话,深深地打动了我。你说:'讲座只是一场对话,一场与许多人同时进行的对话。'这句话彻底改变了我对演讲的看法。从那之后,每当我觉得紧张的时候就会深吸一口气,回想你曾说过的那句话——'演讲只是一场对话,演讲只是一场对话……'从那以后我再没怯过场,这一切都要归功于你!"

我很高兴听到她这样说,这让我看到我的经验是实用的,人们是需要的。这也是对我的肯定。我希望以最低的成本、最少的努力使人们尽可能多地想到我、谈论我,成为我的宣传大使。这不仅是我的愿望，可能也是所有导师、讲师、作家和企业家的愿望。

这位女士的故事便可以成为病毒式营销的典型例子。

如果你为人们提供了真正有用的东西，或实用的工具，他们以后每次使用时就都会想起你，会下意识地将自己的成功全部归功于你。

威廉·巴克利曾经被人问道："你会带什么书去荒岛？"他回答说："一本教人如何造船的书。"

如果把这句话与我刚才讲的故事联系在一起，就会发现：在那位女士参加的那场讲座中，我肯定说了很多话，给了很多提示，然而只有一句话给她留下了深刻印象，她也将这句话运用到了实际生活中。她在对的时间听到了对的话，很受触动，这就使得整场讲座对她来说都意义非凡。因为从那一刻起，她开始以不同的方式行事。

每当她做着深呼吸，告诉自己"讲座只是一场对话"时，她就会想到我（的话）。虽然我只是出现在她的潜意识中，但这就足够了。她本身也是讲师，当其他讲师向她征求意见时，她很可能会推荐我。

这就是她成为我宣传大使的过程，而我甚至没有意识到这一点，也没有意识到我对她产生了如此大的影响。

想收到客户的好评,赢得良好的声誉吗?为他们提供实用帮助,他们会为此感谢你,将你的好处铭记于心。

活动摄影师、商业顾问和足球裁判有什么共同点

我可以告诉你:活动摄影师、商业顾问和足球裁判在参与活动的过程中几乎不会引起任何人的注意。

优秀的活动摄影师能拍出最优质、最真实、最有意义的照片,可能包括所有与活动相关的人,但在拍摄过程中,摄影师完全不会抢谁的风头,也不会在人群中太显眼,更不会成为活动中令人讨厌的存在。我曾在许多会议上做过演讲,但我从来没有感觉到摄影师或相机的存在。然而在会议结束后,我却看到摄影师从各个角度拍了我的照片,有些甚至是抓拍的,我却连这些照片是什么时候拍的都不知道。

优秀的裁判会完全"消失"在整场比赛中,几乎没有人会提到他们的名字,也没有人会谈论他们。球员才是焦点,才是观众要看的人,是镜头要关注的明星。作为一个体育

迷，如果我在看完90分钟的足球比赛后没有注意到裁判或助理裁判，没有在电视屏幕上看到他们的身影，也没有听到评论员谈论他们，往往可以说明他们的裁判工作做得很好。如果你也是体育迷的话，应该很清楚我说的是什么意思。

如果裁判和助理裁判总是出现，总是被不断地提及，就意味着他们的参与度太高，破坏了比赛的正常进程。这非常有可能变成人们日后讨论的"裁判丑闻"。

那么商业顾问呢？和他们又有什么共同点？

在我看来，好的顾问不会让客户对他们产生过多的依赖。他们的工作是授之以渔，不是授之以鱼。优秀的商业顾问为客户提供的是长期的工具（管理工具、营销工具、财务工具等）。这样即使顾问不在场，客户也能自己使用这些工具。

从业这么多年，我遇到过各种各样的客户，其中不乏有一些会要求我和他们一起参加商业会议，以便在会上指导他们说什么、写什么。如果客户觉得只有这样他们才能安心，坚持让我这么做，我基本上都会同意。

这种做法其实和我的初衷背道而驰。因为虽然这能让客户安心，但不利于他们理解自己营销活动背后的逻辑、思维和原则，这些恰恰是他们在客户和受众面前站稳脚跟的筹码。

将自己融入客户的每一个动作、每一场谈话和交易中，只能让你在短期内获得最佳利益。如果你想获得长期的最佳利益,就必须教客户如何在商业环境中独立行事,还要向他们传授采取每一步行动需要掌握的秘诀。遵循这种方法,他们在每次运用你教授的方法时可能都会想起你,并成为你忠实的宣传大使,成为你的回头客,且是心甘情愿的。

与他人交流时,最应该让对方了解你的什么信息

假设你想与某个客户、同事、供应商或只是碰巧在活动中认识的人建立人脉,却只有不到1分钟的交流时间,只够你把关于自己的一条信息告诉对方,你会怎么选?

我曾在研讨会上提过这个问题,答案五花八门:

"我做什么""我从事哪一行""我卖什么""如果他们与我交易能得到什么好处""跟我共事有什么好处",等等。

这些答案都不错,方向也都正确。但如果你读过第6章就知道,我心目中的最佳答案是对方可以向我推荐谁。

可能有客户从你那里购买了产品或服务后赞不绝口,甚

至成了你的回头客。但他们从未向你介绍过任何其他客户。这还是说明他们并不知道你具体是做什么的。他们可能有一个大致的概念，知道你大概做什么事，但不知道该把谁介绍给你，何时介绍给你，如何介绍给你。

你本可以赢得更多人的关注，让客户成为你的宣传大使并给你介绍客户，但由于种种原因，你失去了这样的机会。

利用好自己的无形资产，这个问题便能迎刃而解，你就能在商业和个人生活层面取得更大的成功。这些无形资产就是：

- 你的客户
- 你的声誉
- 你的社群

你要做的，就是把它们变成有形的金融资产。

我自2003年以来就开始与他人合作，根据经验得出一个结论：人们在销售过程中面临的最大挑战之一，就是不知道如何将客户的赞美转化为收益。

即使是那些声望很高的专家，也很难意识到赞美和收益之间的关系，因为他们没有把这些无形资产转化为有形资产。

礼品券、现金、酒店的周末套房，你会选哪个作为员工的礼物

为了履行自己的承诺，提升员工的积极性，你决定送给表现突出的员工一份礼物。假设给每个员工的预算是500美元，有以下三个选择：

1. 给每个员工五张百元大钞，或者直接打到他们的工资卡里。

2. 给他们每个人一张价值500美元的超市礼品券。

3. 给他们每个人订一间价值500美元的周末酒店套房，这样他们就可以约上朋友一起开派对。

对于作为老板的你来说，这三个方案的成本是完全一样的。

你会选哪一个？员工会喜欢哪一个？

一般来说，大多数老板会直接给现金。这样最简单直接，也最省事。而且，大多数员工也喜欢现金。只要拿到钱，喜欢什么就可以自己买点什么。但一项多年的研究结果打破了这一认知：老板和员工最喜欢的是酒店套房，礼品券次之，最后才是现金或转账。

因为酒店套房与赞美、感谢、表扬和推荐一样，属于"给予员工关注"，而礼品券则与独立办公室、良好的办公环境和公司配备的手机一样，属于"工作条件"。对于员工来说，给予关注的重要程度远胜过工作条件，工作条件的重要程度又胜过现金。

这也就是为什么在员工心中，酒店套房＞礼品券＞现金。

这对老板来说是件好事，因为员工会对老板的这份礼物十分感激。

如果给员工现金，员工可能很快就把它花完了，他们甚至很快忘了你送了他们礼物这件事。如果你直接把钱打到他们工资卡上，他们甚至都不会觉得这是礼物，还会抱怨这些钱得自己缴税！如果给员工礼品券，他们也会很快用完。特别是在节假日期间，去超市采购一波，钱就见底了，甚至可能还不够。如果送酒店套房，情况就大不相同了。他们会提前商量好时间，提前一个月订酒店；还会显摆自己得到的这份大礼，把在酒店拍的照片和视频分享到所有社交媒体上；玩够了之后，他们会带着回忆和快乐返回工作岗位，并把它分享给同事，甚至是客户。这段经历会让他们很长时间都难以忘怀。

你该怎么花费这500美元？很明显，你肯定希望宣传大使为你做病毒式营销。送酒店套房，员工会主动在自己的社交圈为你打广告，你还不需要支付推广费。

孩子最喜欢儿童剧的哪一部分

几年前，我带两个儿子在家附近的商场看了儿童剧《阿拉丁》。可能大家已经记不清《阿拉丁》的故事情节了，我先带你回忆一下：

阿拉丁在神灯精灵的帮助下走出山洞，实现了自己的愿望。他变成王子，娶了公主，幸福地生活了下去，两个人的未来看起来特别美好。然而，邪恶的巫师深深嫉妒着阿拉丁的幸福生活，想从他那里偷走神灯。

有一天，他伪装成一个可怜的老人来到阿拉丁的宫殿里。拿出一盏崭新的灯，想与阿拉丁手中的神灯交换。公主不知道神灯背后的故事，便同意了这场交易。最后，邪恶的巫师向神灯许下愿望，将阿拉丁重新变成了一个贫民。

这就是故事的大体脉络。在剧中，虽然巫师装扮成老人，但观众席上的孩子一眼就看穿了他的身份。当他试图蛊惑公主与他交换神灯时，公主突然转向观众席，问孩子们：

"孩子们，你们觉得呢？我应该把灯给他吗？"

一开始，孩子们完全没有意识到公主问的是他们，反应过来后便开始大喊："不！不要把灯给他！"

然而，公主和巫师却没有理会孩子们，巫师还向公主转述道："他们其实是在说'是'，想让你把灯给我。"

孩子们疯狂地对公主喊道："不！不要把灯给他！"

他们重复了好几次这个套路。只要公主"天真"地问孩子们："所以你们想让我把灯给他，是吗？"孩子们就像疯了似的尖叫着回应："不！！！"当时我们旁边坐着一个3岁的男孩，他完全把这事儿当真了，脸色铁青，一遍又一遍地尖叫："不要把灯给他！他想占领世界！"这真是让我忍俊不禁。

这就是孩子们最喜欢的这个节目的部分。

在演出结束后，孩子们和家长议论最多的便是那一部分。因为他们参与其中了，在那个部分扮演了重要的角色，那段情节对他们来说是最难忘的。

这就是我多年来一直在教导客户的内容。

所以，你想让你的观众玩得开心吗？你想让他们为你宣传吗？那你不仅要给他们知识，还要给他们体验。你要给他们一个参与的机会,让他们活跃起来。情景模拟、演示、问答、讲笑话,都是不错的方式。但最主要的是,必须让听众感觉到他们是你课程或演讲的一部分。

想要增加交易机会,成为客户的谈资,就要激发他们的活力。

为什么赞美客户、同事和竞争对手非常重要

自2000年年初成立公司以来,我一直坚持着这样一个原则:赞美客户和同事。同事有时也是竞争对手,但我很少这样说。因为我相信同事之间不只存在着竞争,还存在着合作共赢、创造无限机遇的可能。而且,我相信市场有足够的空间留给每个人。

Firgun,来自希伯来语,是以色列文化的一部分,用来形容"为另一个人的成功感到由衷的快乐和愉悦"。这些年,我一直践行着这个词语。

如果我很喜欢同事发来的一封邮件,就会给他一封极尽溢

美之词的回信。毕竟在发送邮件后收到赞美、评论或反馈，是一件十分令人愉悦的事。如果有人让我给他写一封推荐信或证明，我肯定会欣然接受。因为我知道，人情有往才有来。如果你想为以后的营销活动发展人脉，就要为你的朋友提供方便。

如果我在脸书上看到客户或同事发了一篇我很喜欢的帖子，我会马上点个赞。大多数情况下，我会以跟帖或是发送个人短信的方式来表达我的欣赏之情。如果我的客户或同事写了书，想让我给他们作序，我也会非常乐意！我会先试读一下这本书，发表我的个人意见，在最大限度上帮助作者。推销一本书（尤其是第一本书）的挑战性很大，在领域内的"权威"推荐也很重要，需要耗费大量的时间和精力，但我还是强烈建议你，抓住机会称赞他人。这是一个典型的"双赢"局面。

第一，可以在精神层面创造一种正能量，一种良好的因果关系。简单的一句赞美，能让人感觉良好，开心不已。

第二，赞美可以加强你与同事、客户及身边其他人的联系。我非常相信"与客户、同事共同成长，互相成就"这一原则。近朱者赤，近墨者黑。你身边的人越成功，你也会越成功。如果说客户从我的指导中受益良多，并以此为基础出版了自己的书，那么，即使这本书的版税和我没有任何关系，我依旧能从中得到许多好处。比如，客户在我的指导下发起一个新项目,在向乙方证明自己实力的过程中,可能会举我这个例子,把与我共事的经历描述成一个"成功的故事",还会把我介绍给像他们一样的成功人士。

创立公司、扩展业务、写书、成为权威、为社会服务、营销写作都是非常不容易的事,所以我会尽力帮助那些想出书的人。

如果你身体力行地践行了Firgun,人们一定会更喜欢你,也更愿意把你推荐给其他人。从营销的角度来看,Firgun对你大有好处。

数百名客户在经我指导或听过我研讨会之后出版了自己的商业书籍。许多客户让我为他们作序,我基本都答应了。写了这么多年,许多同事都会问我:"你就这么堂而皇之地把名字写在书上,不怕读者认出你来吗?书要是卖得好还好,要是卖得不好,你想过后果吗?你会被读者认为和这本书一样失败!如果有人因为你作序而买了书,却发现内容非常令人失望,他们肯定会生你的气!"

没错,这确实有可能。但我每次都会这样回应他们:"不管怎样,我都想给作者一份Firgun。"(前提是书的内容还不错。)如果这本书成功了,在全世界卖出几千甚至几万本,那无疑给我开辟了一条免费的营销渠道。许多不认识我的人会因为书的序言得知我的名字。也许，在将来的某一天，他们也会加入我的粉丝社群。即使书卖得不好，可能只是卖出几百本，且大部分是卖给作者的家人和朋友的，我的名声也不会因为这本书受到多大影响，因为根本就没几个人买这本书。所以这种做法的回报远大于风险。

如果我有1美元，我把它给了你，那我就少了1美元，不能再把它送给其他人。但如果我给你的是一句赞美，我还可以把它给更多人。在我们漫长的一生中，多给人Firgun，它是性价比最高、最容易获取的管理和营销工具。如果你给了别人Firgun，还把他们举荐给其他人，他们会对你报之以李，当你需要帮助时，也会毫不犹豫地伸出援手。

如何在两个月内获得柔道等级腰带

我的大儿子诺姆7岁时参加了柔道班的考试，得到了他人生的第一条腰带。在此之前，他只有一条白带（初学者的腰带）。学校邀请孩子们的父母和兄弟姐妹出席毕业典礼，席间还发了很多精致的茶点。在孩子们通过考试后，身为前任全国冠军的老师为他们发放新腰带，父母拍照记录，孩子们享受茶点，每个人都很兴奋。

我像诺姆一样大的时候也学习过柔道，但那时候我们必须学满两年才能拿到自己的第一条腰带——黄带。所以当我听到诺姆要参加毕业典礼时，我非常好奇，便问他的老师："他怎么这么快就拿到了黄带？"

老师的回答让我很吃惊，他说："不是黄带，是白紫带。现在的规则和以前不一样了，学员每六个月就能拿到一条新腰带。六个月是白紫带，一年后是紫带，一年半是紫黄带，两年后是黄带。"

我非常喜欢挖掘新奇的营销手段，这对我来说像是发现了新大陆。我不禁感叹：能想出这种营销方式的人简直就是天才！

现在柔道学员不必为了提升一次等级而苦等两年，每半年就能提升一小级。这样有什么好处呢？

第一，孩子们可以感受到成功的体验。这种体验让他们更愿意追求目标，更加努力，更渴望成功，从而形成更强的进取心。这种升级不亚于一场赞美，每升高一级，他们就期待再升高一级。不仅如此，由于能看到自己的进步，他们也会更加喜欢这个班级。

我研究了一下这个问题,发现在之前的模式中,柔道班的退学率非常高。从一、二年级开始学柔道的孩子大多学不满两年,也拿不到腰带(包括我,我学了差不多一年就放弃了,直到今天我还是白带……)。规则改为半年一授带之后,学习柔道的孩子越来越多。有些孩子在课程开始后才加入,甚至不到两个月时间,就拿到了自己的第一条腰带。

第二,这是一个向家长收费的好机会。新腰带和茶点的费用需要家长支付,但这些钱他们花得很开心,不会有任何抱怨。从商业营销的角度来看,半年一次的营销活动确实比两年收费一次的效果要好。这就是家长花钱还特别开心的原因:这些钱让他们见证了孩子的成功。

第三,缩短授带的时间为班级带来了病毒式营销,相当于在打免费广告,潜移默化地将家长变成学校的宣传大使。很多家长在参加孩子的考试、比赛、毕业典礼时,会告诉其他家长、朋友、家人、邻居和同事。他们会迫不及待地在社交媒体上分享孩子与新腰带的合影,与家人聚餐、朋友见面时也会提出来炫耀。

你以为他们只是在炫耀自己的孩子吗?他们实际上是在推销自己!他们的行为在间接地说:"看我这父母当得多

成功啊！看我如何投资我的孩子，如何参加他们的活动，如何激励我的孩子成功，如何把他培养成一个人才！"这种做法也推销了柔道班……因为他们从侧面说明了柔道班多么有趣、多么有价值，孩子们有多么喜欢。

这是典型的多赢局面，对学校、孩子、家长都有好处。只有为你的客户提供价值，他们才会心甘情愿地为你付费。赋予他们更多权利，让他们心情愉悦，他们就会留在你身边。引导他们打破常规，他们就会成为你的宣传大使。

如何让参会的人更好地记住你教的东西

几年前，我读到了一项令我颇为震惊的研究：参加讲座或研讨会的人，大约90%的人会在一周内忘记自己所学的90%的内容。这让每个顾问和讲师都十分担忧。他们办讲座或研讨会的目的无非是从两个角度——营销角度和意识形态角度出发的。

从意识形态的角度来说，他们的目的是影响听众，教授新的内容，并希望听众完全记住这些内容；希望听众采纳他们的想法或意见；希望听众响应他们的号召，比如劝人们养成健康的生活习惯，或者向听众传达一种看待事物（如政治和经济）的新角度。如果听众很快把这些内容忘记了，就偏离了讲师或顾问的初心。

那他们在营销角度的目的又是什么呢？办讲座或研讨会的目的是销售自己的产品或服务，然后向听众推广自己的下一场活动。他们希望听众能促成免费的病毒式营销。

不管从哪个角度来讲，都必须让听众将你讲过的知识铭记于心，将你传授的方法运用到实践当中！那么应该怎么做呢？研讨会一般分为两种。第一种是"密集型"研讨会：连续几天，从早到晚不停歇。与会者需要推掉其他事项，腾出几天时间来参加会议。第二种是"以过程为导向"的研讨会：在几周或几个月内分散进行，每周或每两周举行一次。

第一种研讨会需要与会者一次性接受的内容太多，这种研讨会通常会以各种噱头作为卖点，如跳舞、响亮的音乐、糖果、能量饮料等。这些东西会让人一整天都保持清醒，精力充沛。从表面上看，研讨会进展得很顺利，但在与会者"打破常规"的几天后，他们还是要回到家里，回到办公室。这时候，他们会发现自己因为参加研讨会积压了很多其他的事情，有很多任务要做，他们必须马上回到常规。然后他们很快就会忘掉刚学的东西，就像我们放完假回到工作岗位上时，感觉假期就和没过一样。而在"以过程为导向"的研讨会中，人们能将所学的内容进行吸收和内化——每周只举办一次，给参与者留出足够的时间，让他们对学到的知识进行实际应用，然后再办下一场。参与者可以在下次会议上讨论在应用过程中遇到的问题，征求讲师的意见；也可以在下次的会议上再次学习上次会议的内容。这样就能熟记更多的知识，并在实际应用中加以巩固，检验其可行性，而你也更有可能收获一批宣传大使。

幼儿园的老师为什么给你发孩子在学校的照片

如果你想见证数字时代的革命，只需要看看教育系统就够了。在过去20年中，我一直在为学校提供商业和营销方面的咨询服务，并为各个学段的校长和教师开办讲座，可以说：如今学校里的事与营销、说服和行动呼吁有很大的关系。

20～25年前,学校的工作人员完全无法接受营销这样的字眼。他们将自己视为教育者,拒绝推销自己。那时候,老师和家长基本只有在家长会或孩子犯错时才会沟通。在今天,学校和教职工却投入大量的时间和精力来说服家长给孩子报名,尽最大努力防止现有的学生流失。换句话说,他们在不断地推销学校的活动,全年无休。

我也有两个儿子正在上学。作为家长,我已经在年初为孩子们报了名,交了学费,所以从某种程度上来讲,我可以算是学校的客户。以下是我的亲身经历:

1.老师们几乎每天都会给班上孩子的家长发一封电子邮件,详细记录当天班上所发生的一切,孩子的家庭作业也会通过这封邮件来布置。

2.校长每周会给所有家长发一封电子邮件,列出本周学校开展的所有活动,如"健康周""创业技能周""道路安全周"等。

我无时无刻不被这些活动的照片"轰炸"着,而且学校的官网和脸书主页也会不断更新。如果从营销的角度来看,我觉得学校最高明的一种做法是:通过Whats App上的家长群发送实时动态。

每隔一段时间，老师就会把孩子们玩耍或做活动的照片发到家长群里，比如做蛋糕、庆祝某个特定的节日或是校外旅行的照片。这操作起来没什么难度，老师只需要在活动期间给孩子们拍几张照片，把最好的几张发到群里，家长便能得知孩子的实时动向。

这的确是一场真正的营销革命！当今科技的发展，使得营销、劝说和行动号召的形式发生了翻天覆地的变化。幼儿园老师给家长发孩子的照片有什么营销效果？

第一，这能安抚家长的情绪。早上，家长前脚把孩子送进幼儿园，孩子后脚就哭了起来，但家长急着去上班，所以当家长离开幼儿园时，脑海中最后的画面是：孩子哇哇大哭。家长会有一种愧疚感，还会担心孩子的情况。几小时后，老师发来孩子正在参加某个活动的照片，上面的孩子笑得很开心。家长可以松一口气，心中的担忧也随之烟消云散。

第二，这对幼儿园老师开展工作很有帮助。如果老师不发照片，忧虑的家长就会把老师"逼疯"，每隔1小时给老师打一次电话，询问是否一切正常。哪怕快放学了，还是会打电话。好不容易等到家长来接孩子了，又被问："早上的情况如何？"如果几十位家长都这么做，那老师的工作量可想而知。

第三，这能够增进亲子关系。如果我看到自己的孩子在做蛋糕，在院子里找蚂蚁，或者穿着演出服跳舞，我回家后就可以和孩子聊聊这些事，不必再和他们说"今天过得怎么样？""那挺好玩的"这种陈词滥调。而且以我的经验来看，孩子每天都能遇到新奇事儿。所以每次接他们放学的时候我都会和他们聊这些。

不可否认的是，孩子难免会犯错。所以当孩子犯错时，老师给家长发照片也能在一定程度上保护自己——保护老师不被冤枉。

第四，它创造了非常强大的病毒式营销。在忙得焦头烂额的时候，你突然收到一张带着孩子笑脸的照片，可能一下子会放松很多，接下来你可能会把照片展示给身边人：同事、客户、当时和你一起开会的人。

你这么做的目的是什么呢？是为了给幼儿园做营销？还是为了给老师做营销？都不是。你还是在下意识地营销你自己！为了向对方展示自己的教育成果："我对孩子特别关心""我身在这里，心却在孩子那里"。如果孩子在参加比赛，你也许会说："看我的孩子多么优秀！"也就等同于在说："看我这个家长做得多么成功！"

幼儿园老师创造的病毒式营销，会让你下意识地和别人谈起学校的好。这是一场真正的革命。合理地使用技术，辅以正确的信息，你就能把成千上万的人变成免费的宣传大使，让他们不遗余力地帮你推销。

成功人士到底在隐藏什么

在这个讲究个人品牌的时代，各种规模的企业都会把他们的老板、CEO和高管推向"舞台的中央"，打造成行业里的专家。然而，他们却经常犯一个错误，那就是用力过猛，把人打造成了"超人"。

他们会给人冠以言过其实的头衔，如天才、神童、杰出人物、天选之子、奇人异士等。从短期来看，这种头衔也许能达到不错的营销效果，媒体也非常喜欢这样的头条新闻；但从长远来看，它们会对营销产生极其不利的影响。大多数客户不会认同这些头衔，也不会认可他们公司的服务和产品。因为如果这个专家是"超人"，拥有"超能力"，客户就会产生一种心理落差。他们会觉得自己永远都不会有这样的"超能力"，会说:"嗯,难怪他这么成功,原来能力这么强。"

如果你想把自己打造成专家,打造成高质量服务和产品的提供者,最好把自己打造成布鲁斯·韦恩——蝙蝠侠。蝙蝠侠和普通人一样,没有上帝赐予的天赋或超能力,他的成功完全是因为勤奋、毅力、对天赋的运用、不断进取、乐观的精神和努力工作。也就是说,你要把自己打造成蝙蝠侠那样的"普通人"。

正如我们在媒体采访时经常看到的那样,成功人士往往会强调他们的天赋,隐藏他们后天的努力——毅力、勤奋、工作上的努力以及对个人能力的运用。这样做的后果就是客户只看到他们的成功,开始嫉妒、怀有敌意、说闲话、找借口为自己辩解,也有可能只是单纯地仰视着这些成功人士。但不管怎么说,从长远来看,这对营销绝对是不利的。他们看不到成功人士的奋斗史,看不到光鲜背后的辛酸。

几年前,我去伦敦参加了一场会议。回来的时候发现我的上一本书——《说服并影响任何听众》登上了最新一期周末报纸的畅销榜。届时,我收到大量的信息,大都是向我表示支持和祝贺。许多人问我:"你是怎么做到的?"我承认,这本书很好(虽然可能不太客观……),写得很有趣,吸引了很多读者。但这本书之所以能登上畅销榜,不仅因为我作为作家的才华，还因为我之前为它进行了营销。

当时，我穷尽了各种营销举措来推广这本书，在书店和各大平台上为它造势。我与一个庞大的、专业的、认真的团队合作。不得不说，我在这个团队身上花费了相当多的时间和精力，也下了很大功夫去维系合作。不过，这一切都是值得的，他们确实对这本书的营销起到了巨大的作用。

最后，这本书卖得非常好。如果没有我和团队的毅力、勤奋和进取心，就不会有这样的成功。当客户认为你是超人而不是蝙蝠侠时，他们很难看到你成功背后的努力。所以从长远来看，你不应该让你的客户对你产生钦佩，认为你有"传奇色彩"。你要做的是，把自己放在客户能够得到的位置上，为他们树立一个榜样。这样才能在营销方面取得更大的成功。

你是否觉得自己在营销方面下了很大功夫，却收效甚微

网络营销很难，人们将脸书、领英、推特、油管和Ins作

为营销平台，以求达成自己的目标。他们期望这些平台能带来客户和订单。他们下很大功夫在这些平台上进行营销，在每个帖子、邮件和短视频的末尾发出行动号召，却总是收效甚微，有时甚至一点效果都没有。

比如，你在公司的官网发表了一篇自己非常满意的文章，内容质量一流，末尾附有行动号召。你认为一定会收到很多回应，包括很多人的联系方式，甚至有人直接点进购买链接下单，结果没有一个人下单，也几乎没什么回应。

你认为能火遍全网的视频，并没有像病毒一样被传播。此时的你沮丧、失望、烦躁，最重要的是——你失去了创作新内容的动力，陷入深深的自我怀疑："内容的质量明明很高，产品介绍也很详细，怎么就没有回应和点击率呢？这样的话，我还有必要继续吗？""也许我水平不够""也许内容质量不行""也许他们并不需要这种产品""也许这个主题不够有趣""也许这种营销方法效果不好"，等等。

不管你是沮丧、自我怀疑，还是依然充满希望，我都希望你明白：

第一，营销是一个长期的过程。你需要通过各种渠道进行营销，不能只依赖一个平台，必须一步步地慢慢建立自己的客户社群，让他们长期追随你、信任你，与你建立密切的关系。

帖子、视频和邮件的质量固然重要，但不能忽略了数量。你怎么在未来的一年里吸引更多客户呢？必须坚持大量的内容创作，发布在不同的营销渠道和网络平台，只有这样，才能收获长期稳定的客户群。

第二，营销的关键在于坚持。在市场营销领域，流传着一句话："一滴水，两滴水，滴滴汇聚，终成大海。"你敲打一块石头，它在第100次时破裂，并不是因为第100次的打击，而是因为之前的99次。

把这个道理应用到网络营销中，如果有一天，你创作的营销内容突然在网络上大放异彩，获得了大量的曝光、回应和订单，不是因为这次的内容多么出彩，而是因为你之前的努力。在之前的营销中，你可能犯过许多错误，有过失望，也经历过失败，但正是这个过程让你积累了大量经验，逐步发展起自己的客户社群，促成了最后的成功。

第三，在过去的10年中，网络营销领域出现了一个有趣的现象——黑暗中的营销。我们在社交网络上很活跃，创作了很多内容。但我们看到的都是一些"表面"现象，并没有意识到营销所产生的"暗流"。比如，我们在脸书或油管上发布了一个高质量的视频，评论里还放了购买链接，视频在几天内获得了1000次的浏览量。从表面上看，这效果真的太棒了！但实际上，没有人购买，没几个人点进链接，也很少有人回应。

你非常失望，不明白为什么浏览量明明那么高，却没几个人咨询。我要告诉你的是，出现这种情况完全在情理之中。你不必灰心，因为有1000人浏览了你的视频，这可是件好事。

虽然你不知道这些人是谁，不知道他们在商业世界中扮演着什么重要角色，不知道他们是否已经"成熟"到要购买，也不知道他们是否有钱购买，但现在不买，不代表他们以后不买。也许几个月后，看过这条视频的人就会来找你，也许一周后就会有人发邮件给你，要为你提供一份工作、一笔交易、一次合作或是一次媒体采访。

我一直从事讲座方面的工作，知道让大厅坐满人有多么困难。所以我绝不会轻视1000这么大的数字。1000人，完全可以填满5个容纳200人的大厅。我在心里这么一算，就对这个数字有了清晰的认知。1000人观看了你的视频，即使他们没有购买，也一样可以为你带来好处。在这1000人中，总有人会在未来想到你，总有人会在你那里消费。

我身上就发生过无数次这样的例子。有时候客户通过公司官网或我的员工联系到我，与我合作，其中不乏涉及一些昂贵的咨询服务。我问他们为什么要和我做生意，他们会说："差不多8年前，我参加过你的会议，家里还有你所有的书""我读了

5年前你写的《互联网指南》，它对我影响真的很大"。

在5年、8年甚至10年前的某个时刻，我并没有获得什么成果，也不知道谁浏览了我创作的内容。但有一天，看过这些内容的人渐渐"成熟"了，营销的"暗流"把他们卷了回来，与我达成了交易。

做营销需要坚持不懈。我坚持了，所以我成功了。如果暂时没有得到好的结果，不要灰心，不要绝望，继续进行营销，持续产出高质量的内容，让尽可能多的人阅读你写的东西，观看你制作的视频，最终，把他们发展成你的宣传大使，让他们一次又一次地谈论你。

做到这些，你就能收获一大批长期或短期的客户。

关键知识点

让尽可能多的人谈论你：

- 作为你的宣传大使，如果为你宣传能给他们自己打上有趣、成熟、有才华的标签，那他们一定会不遗余力地谈论你，更愿意向朋友宣传你。你一定要让他们觉得，谈论你可以凸显他们的与众不同。
- 给你的客户提供一些他们认为有用的提示。
- 商业顾问要向客户"授之以渔"，而不是"授之以鱼"。教他们如何在商业环境中独立行事，向他们传授采取每一步行动需要掌握的秘诀。
- 想让他人成为你的宣传大使，先让他们知道他们可以向你推荐哪些人。
- 好好利用你的客户、声誉和社群，把它们变成你有形的金融资产。
- 给予关注＞工作条件＞现金。
- 不仅要给客户知识，还要给他们体验。让他们参与进来，让他们活跃起来。
- 多给予他人表扬和赞赏。
- 要想把自己打造成专家，成为高质量服务和产品的提供者，就要把自己打造成布鲁斯·韦恩——蝙蝠侠。蝙蝠侠只是个"普通人"，没有上帝赐予的天赋或超能力，他的卓越成就完全来自勤奋的工作和对个人能力的运用。

09

如何让刚认识你的人感觉良好

如何记住多年未见或未联系的人的名字

给予关注是说服的关键之一。研究表明，对人们来说最重要的事有以下几件：

1. 在别人心中有重要的地位和极高的声望。
2. 值得被人纪念和尊重。
3. 有社会名流一般的身份。

如果你和一个人见面，你记得他，但他不记得你，或者你知道他的名字，他却不记得你的名字，你可能会非常失望，产生不想再跟他合作、不想再投资他的项目，也不想再从他那里购买任何东西的想法。

在数字时代，这种情况屡见不鲜。我们把所有信息都存在手机和电脑里，记忆力却变得越来越差。今天，人们越来越难以记住其他人的名字和面孔，电话号码更是一点也想不起来。

我们该怎么做才能改变这种情况呢？以下是其中的一个方法。

几年前，我在一个会计师大会上发言。一位与会者——我们就叫他布莱恩吧——在发言结束后走到我面前，想请我给他的员工开一场讲座。他递给我一张名片，还从我这里买了一本书。但最终我们没有达成合作，联系也断了。不过他还保留着我的邮件列表好友，偶尔会看看我的邮件和帖子。

在他咨询过我之后，我把他的手机号存在了我的通讯录中，还给他添加了备注："布莱恩，会计师大会，为他的员工开讲座"。有点长，而且有些乱，输入的时候要费点工夫，但是我觉得这么做很有必要。

5年后的一天，我的手机突然响了，屏幕上赫然显示着"布莱恩，会计师大会，为他的员工开讲座"这几个大字，我接听后说："嘿，布莱恩，最近怎么样？"

不出所料，他当时的反应和我预想的完全一样——先是沉默了几秒，然后特别激动地说："哇！真不敢相信你居然还记得我！"

我想，如果换成别人，应该会说出和他一样的话，可能还会说"你记性可真好！""你居然还存了我的号码，真是有心了"，等等。然后稍微犹豫一会儿，开始质疑，说我肯定忘了两人是什么时候认识的，在哪里见的面，谈过什么，等等。

当时布莱恩也对我有同样的质疑。但我对他说："怎么可能？我当然记得。几年前咱们在一个会计师大会上聊过，后来你找我买了本书，还咨询了一些关于讲座的问题。"布莱恩立马收回质疑。在这种情况下，即使是铁石心肠的人也会被"融化",然后做出积极的回应。他们会说:"你居然还记得!""你这记忆力绝对是现象级的,简直令人难以置信!""太不可思议了!""你太有个人魅力了!"

不管对方因为什么给你打电话,只要你用这种方法,就可以给这场谈话赋予一个良好的开端,还能提高交易的成交率。通过这场谈话,布莱恩成了我的宣传大使,不遗余力地为我宣传。

我是如何做到的呢?因为我特别聪明或老练吗?因为我有超越常人的记忆力吗?都不是。仅仅因为我爱他人,关心他人,愿意关注他人。这也是为什么我总会把注意力放在那些能创造成功的小细节上。一般来讲,大部分人在收到名片时并不会存上面的号码,我却存了,还备注了对方的详细信息。正是这样一个小小的举动,在5年后为我带来了意想不到的惊喜。

为什么不能和客户做朋友

你去参加一场活动,凌晨两点才回家。车却在半路抛锚了。荒郊野岭，你十分无助，不得不打电话向朋友求助，请他帮你换个轮胎或者把你送回家。然后他出现了，解决了你的困境。结果，第二天他却给你寄过来一张发票……

这听起来是不是不太正常？你求助于朋友，没想到他要收费。朋友之间谈钱可是要伤感情的啊！而且，如果换成是他有困难，你肯定会无偿地施以援手。但如果当时你求助的不是朋友，而是找了一辆卡车把你的车拖回去，或是找了个师傅帮你修车，是不是就觉得付钱是理所应当的了？是的，而且你心里很明白，当时付的钱肯定会高于平时的价格，毕竟大半夜的，人家收的是上"夜班"的钱。你可能还需立马把钱给人家，不可能赊账，就像你去给汽车换电池要先付钱，否则人家不会给你换。

求助于朋友和找专业人员有什么区别呢？我们认为向朋友求助不需要付钱，哪怕朋友是专业人员。如果他收了钱，我们可能会觉得受到了侮辱和伤害。而在找专业人员时，我们知道自己必须得付钱。如果他们不收钱，不收高价，我们会觉得很意外。钱和朋友不可兼得。

在第6章中我说过：从商业角度来看，你不能让你的客户成为你的朋友。现在，我来告诉你另一个秘密：作为专家，你必须把赚钱放在第一位。

做生意不是做慈善，也不是你的爱好。你所赚的钱全都来自付费客户。所以，如果客户是你的朋友，那他们基本上不会给你钱，你也很难向他们开口要。

我从客户那里听到过两个故事。第一个故事来自一位律师，他告诉我，他再也不会为亲戚做代理律师了。他投入了大量的时间和精力在亲戚身上，甚至比对一般客户还上心，有时还会帮他们垫钱。但这些亲戚不仅一开始就没打算付费，还在他要钱的时候满腹牢骚。他非常难过，明明他收的价格远低于正常标准，甚至还告诉他们可以分期付款，但这些亲戚依旧不满意。他越想越委屈，甚至产生了一种挫败感。这不仅影响到他和亲戚的关系，还占用了他留给其他客户的时间和精力。最荒唐的是，亲戚对他的服务也不满意，对他给出的优惠也不领情，甚至还有所抱怨，他们觉得双方的关系受到了影响。

记住，有时候客户付的钱越多就越高兴。他们会更欣赏你，更多地谈论你，也会更少地与你争吵。这听起来可能不符合逻辑，因为你一直觉得只有降低价格才能招来客户。但在生活和商业世界中，事实并非如此。

第二个故事来自一个财务规划师。他住在一个小社区里，所以他的一些邻居也是他的客户。他是个很严肃的人，非常专业，工作经验丰富。他每次咨询都要收取费用。他认为这是他应得的，因为我之前教过他：如果他从一开始就为客户提供价值，那也应该从一开始就收费。他说，这条规则对他所有的客户都很有效，唯独对他的邻居没有效果。这些邻居有个习惯，就是会在教堂里、晨跑时或超市里拦住他，问他一些专业问题。有时他们还会要求长时间的交谈，甚至到他家喝咖啡。

从表面上看，这似乎是合理的、友好的、睦邻的无私服务，实际上他是在葬送他的事业、他的声誉、他的原则和他的权威。

我支持随时随地的服务，也支持向客户提供优质的服务，但同样支持对客户施加限制，就像对孩子施加限制一样。如果对方既不为你付费，还经常打扰你，一有问题就跑到你家里，那绝对算不上好客户。他们在某种形式上牺牲了其他客户的利益，最糟糕的是——他们不会感激你，还会认为你的服务是理所当然的事。即使他们向其他人推荐你，也只是告诉他人如何免费"榨取"你的价值，就像他们所做的那样。

我们能从这两个故事中得到什么教训？

第一，不要和客户成为朋友。因为首先，从你的角度来看，要求朋友付费是难为情的，是不合适的；其次，从他们的角度来看，既然是朋友，你就应该无偿地为他们提供帮助。

第二，对客户施加限制很重要。大多数人时常犯这样一个错误，为客户提供过多的服务，让他们变成自己的朋友。

给予关注是需要的，友谊就算了。你需要在适当的时候对客户施加一定的限制，提前确定每次谈话或会议的时间，告诉客户你还有其他的客户和问题要处理，和他们保持一定的距离。

这一切的前提是你为他们提供良好的服务。所以，你需要在生活与工作之间设定一条明确的界限，将两者区分开来。

最后我们来做道选择题，当家人或朋友找你帮忙时，你该怎么做？

A.为他们提供免费的服务。

B.像对待普通客户一样对待他们：让他们支付同样的费用，只在工作时间讨论专业事务，只在办公室与他们见面，向他们提出与其他客户相同的条款和条件。

正确答案显然是B。

你可能会觉得实施起来很困难，会令家人和朋友不快。但为了你自己，为了你的工作，更是为了他们，你必须这么做。

什么话客户最想听，但你绝对不能说

　　随着"专家行业"的发展，我注意到一个有趣的现象：许多导师、教练和治疗师会在营销过程中给客户许下一些营销承诺。

　　如今，销售网页、电子邮件和短信中都充斥着各种各样的营销承诺："报名参加我的研讨会，你的收入就能翻倍！""购买我的网课，你就能赚取百万美金！"……其实，这样的承诺并不好，对双方都没好处。

　　那他们为什么还这么做呢？为什么敢在不了解客户情况的前提下就说出这种可量化的数字和结果呢？因为大多数客户都在寻找一根"魔杖"，希望以最小的成本获取最大的回报。比如，企业家和公司经理一直在寻找一种万能公式，能让他们不费吹灰之力就赚到大钱，以零成本获得巨大的回报，能让他们不学习、不积累经验就成为专家。

　　再如，所有人都想只通过健康饮食就拥有好身材，而不想运动；所有人都想变得富有，却不想承担风险，不想投资；所有人都希望电话响个不停，拥有大量的客户，却不想推销自己，不想运营社交网络。

这时候，营销承诺便应运而生了。

这也是为什么"秘密"和"更多"能在过去的10年里变成广告中最流行的词汇。所有人都想要更多，所有人都想发现成功的秘密。但客户需要"魔杖"，想听到轰轰烈烈的承诺，并不意味着你就应该做出这样的承诺。

合理的营销承诺应该是做出承诺的人能够兑现的；不合理的承诺则与之相反，且经常带有一种欺骗的性质。合理的承诺是："我在研讨会上讲的知识都很实用，哪怕你们只将其中的一小部分运用到实践中，收益也能增加。"不合理的承诺是："来参加我的研讨会，你的收益就能翻倍。"两者在本质上有着很大的区别。

为什么说"你的收益就能翻倍"不合理呢？因为这种说法给了一种可以量化的结果，以及可以量化的数字，而这是承诺方无法控制的。收益是否会增加，是否能翻倍，不是由承诺方决定的，而是由客户决定的。如果客户能将承诺方所讲的知识正确地运用到实践中，他们可能会成功。但外部环境、运气、市场行情也是决定收入的因素，如果这些因素都对他们不利，他们的收益就不会翻倍。

你可能只是随口一说，但客户会牢牢记住这些承诺，他们会"有选择的倾听"，希望你能兑现这些承诺。换句话说，客户只会听到自己想听的内容。

要知道，你向客户做出这种不切实际的承诺，一旦他们失败，就会把责任推到你身上。会有客户对你说："怎么回事？我都已经参加了很多次研讨会了，收益怎么还没有翻倍？"当然不会翻倍，甚至都没有增加，因为他们在课堂之外没有付出任何努力。但是你当时并没有跟他们说明具体应该怎么做。你只是承诺："只要来参加我的研讨会，收益就能翻倍。"他们是冲着这句话才来的。你可以向客户提供营销承诺，但前提是它们必须能兑现。

为什么不能在客户饿肚子时约见他们

在第5章中，我讲过我的拉斯维加斯之旅。这座城市被称为"罪恶之城"，也被称为"世界赌博之都"。在我看来，它还有另一个名字："行动号召之城"。

我在本书中讲的每一种营销工具、已知的营销和说服技巧，都在这座城市里得到了广泛的应用。从机场里无处不在的老虎机，到赌场里九曲弯绕的"迷宫"，都是最好的印证。你甚至可以在所有车站把钱换成代币来赌博。但如果你想把代币再换成现金，就得走好一段路了，因为只有在专门的柜台才能进行这项操作。这往往会让人们赌得更多，毕竟一到柜台，满眼都是代币。

真正引起我注意的是：赌场为顾客提供免费的食物和饮料，有些赌场甚至还为陪赌客一起来的朋友提供免费酒水。这看起来无疑是对资源和服务的巨大浪费，但赌场真正的目的是让人们将精力放在赌博上。

之前提到，你流连于赌桌之间，21点、扑克、轮盘，玩得不亦乐乎。如果1小时后你觉得自己饿了，那你就会离开赌桌去买东西吃。

但如果有人把免费的食物和饮料送到你面前，你就不会离开赌桌了。你的时间感会烟消云散，一直在赌桌上大肆挥霍。

而且，食物和饮料能使你更平静、更快乐，这正中赌场的下怀。我在第3章中说过，人们在吃喝时，大脑会释放内啡肽，会更放松、更快乐。

老板的目的是让你的大脑释放幸福荷尔蒙，让你大量购买他们的产品。第6章中汽车商雇用比基尼模特当车模的例子，也是同样的道理。

所以，如果你想影响他人，说服他人，促使他人采取行动，就应该为他们创造一种舒适、快乐、积极的环境。

为什么我们不喜欢更换供应商和服务提供者

一天，你到一家餐厅吃饭，吃完正餐后想再来点甜品。你把服务员叫了过来，要一份甜品的菜单，他却告诉你他们家没有甜品。可你今天就想吃甜品，于是结完账起身离开，去了另一家有甜品的餐厅（你可能需要再去开车，找到提供甜品的餐厅，然后再找停车场停车，等等）。

这种情况难免让人有些不悦，但更让人不悦的是下面这种情况：你不知道餐厅里有甜点，本可以在那里美美地享受大好时光，没必要再花时间去找甜品店，但你没问服务员，直接就去找甜品店了。这不仅造成了你的损失，也造成了餐厅的损失。如果餐厅主动和你说明他们有甜品，就不会出现这种情况。

我每次向生意做得很大的客户提供建议时，都会举这个例子。可惜，虽然他们明白了其中的道理，他们的客户却不明白。

举几个例子：

1.某家律师事务所的服务范围十分广泛，涉及非常多的领域。但他们的客户只在房地产方面与他们有合作，丝毫不知道他们还有定损、国际法和家庭法等多个领域的服务。所以，在需要房地产之外的服务时，客户去了另一家律所。

2.食品连锁店有各种各样的商品。但人们只会购买自己需要的几件东西，一般不会接触店里的其他产品，也不关心是不是有折扣或者上新（放在收银台旁边的那些产品更是极少有人问津）。

3.某家商业咨询公司同时也提供财务咨询服务和组织咨询服务，但他们的客户并不知道这一点。所以荒唐的情况就出现了：这家公司的商业顾问很受客户的青睐，但当客户需要组织咨询服务时，却转头找了另一家公司的顾问。这家公司还是失去了与客户进一步合作的机会，即使这位顾问对客户的公司了如指掌。

4.某家数字公司的主营业务是为客户在脸书、Ins和谷歌等平台上做促销和广告。有个客户购买了他们的谷歌推广服务，但不知道这家公司也能在其他平台上做推广，所以在他需要在脸书上做推广时，找了另一家公司。

我还可以举更多的例子，归根结底，道理只有一条：如果你的老客户在你同样能提供的产品或服务方面与他人达成了合作，这不仅是你的损失，也是他的损失。

不管你的企业是哪种规模，都非常容易在这方面栽跟头。如今的我们生活在一个富足且充满机会的时代。得益于数字技术的发展，人们很容易可以完成"搜索、检查、比较"的过程，但即使生活在这样一个"客户为王"的时代，人们依旧不喜欢更换供应商。

这是因为大多数人并不喜欢"搜索、检查、比较"这个过程，还是更希望能与供应商建立长期的合作——你舍得换掉那些熟悉和喜爱的修理厂、会计师、美容师、牙医、保险代理人或家庭医生吗？

想找到一个值得信任的供应商、服务提供者或顾问是很难的。一旦我们找到，就很难把他们换掉。只有发生特殊情况，或对方不能满足我们的需求时，我们才可能中断与他们的合作。

如果供应商可以为我们提供所需的一切，那我们就没有必要再去找其他供应商。换句话说，如果供应商提供的是一站式服务，我们一定会心满意足。比如：

- 我们不仅能在餐馆吃到主菜，还能吃到特别棒的甜点。

- 律师事务所不仅能处理我们的商业事务，还能在我们离婚时提供帮助。
- 为我们在脸书上做过推广的机构也能帮我们在谷歌上进行推广。
- 我们的贷款顾问也能提供家庭财务规划。

如果人们正在寻找"一站式服务"，那你不如直接给他们提供"全方位服务"。要做到这一点，你需要为他们提供很多额外的产品或服务；不断宣传那些他们不知道的产品和服务；引导他们，告诉他们有什么问题都可以来求助你。

这个领域中，有非常多可行的经济和商业模式。

如果有人在会议上请你喝东西，应该接受吗

假设你现在要和客户、同事或是供应商开一场商务会议。在你走进他们办公室的那一刻，他们问你："你想喝点什么吗？"这时候，你应该接受还是拒绝？

这是人们在生活中经常遇到的情况，却很少有人思考这个问题到底应该怎么回答。

从商业、营销以及个人关系的角度来说，怎么回答才算合适呢？

研究表明，大多数人会拒绝。这并不是因为他们不渴……而是因为："我不喜欢被服务的感觉。""我想提高效率，集中精力，不想把时间浪费在喝咖啡和聊天上。""在对方眼中，如果我接受了，就表示我在向他示弱，因为我明确表现出了需求。"

这些都不对，当有人问你喝不喝饮料时，你应该选择接受。这不但更有礼貌，还有助于双方进一步的了解，让对方习惯为你做事。而且，喝点东西也能提神，有助于在会议期间保持最佳状态。

人们往往会从宏观的角度思考说服和销售问题，但人际沟通的成败往往由小事决定。比如，可以不拒绝刚认识的人向你提供的小善意……

很多时候，人们并不会给出明确的答案，有些时候你只要稍微表示一下，对方就知道你的意思了。如果你接受了，对方就会问你下一个问题：喝热饮还是冷饮？热饮通常是指咖啡和茶，冷饮通常是水和果汁。研究表明，大多数人会选择冷饮，通常是一杯水。实际应该选择热饮。

因为如果你选的是热饮，就为自己争取到至少15分钟的谈话时间。毕竟，从咖啡冷却到喝完需要很长一段时间。如果对方给你送来热饮，而你却说："不用，我喝杯水就行了。"这就在无意中缩短了谈话时间。

顺便说一下，如果对方很不耐烦或希望会议能尽量简短，可能根本就不会给你提供饮料，甚至不会让你坐下。

为了确保会议的意义和质量，你应该选择喝热饮，而且要邀请对方和你一起喝。这能表现出你对对方的关心，加强你们之间的信任和互动。

这些都是些小细节，却可以产生美妙的结果。所以，如果下次再有人问你："你想喝点什么吗？"你应该回答："可以啊，谢谢你，就要热饮吧，你也一起来点吗？"

什么时候不能接电话

请看以下两种场景，找出共同点。

第一,你正在参加一场讲座。突然手机响了,于是你接了电话,边交谈边走出大厅,出去的时候还用手捂着嘴,怕打扰到别人,打完电话后回到听众席。

第二,一天下午,你陪孩子在公园玩。突然同事打来电话,于是你接了电话,到离孩子远一些的地方和同事交谈。可这时,你4岁的孩子正在爬上一个体育器材,上面写着"7岁以下儿童须在父母监督下使用"。

这两种场景有什么共同点吗?共同点是你都没有真正在场。

场景一:你没有认真听讲座。

场景二:首先,你并没有给孩子真正高质量的陪伴;其次,因为你在盯着孩子,所以也没有专心和同事谈话。

身为讲师、顾问、父亲,我经常看到这种情况。你可能会反驳:"我能怎么办?""现在的人不都这样吗?""公司发手机,就是为了让我随时待命。"

你说得对。但请你想象一下这样的场景:你正在和一个重要的客户开会,她在介绍她的业务需求,你们马上就能达成一个大项目的合作。突然你的电话响了,你出门接了电话,几分钟后才回来,好像什么都没发生过。

你是不是觉得她并不介意你中途起身离开?觉得她能

装作若无其事？你错了，这种行为会深深冒犯到她。刚刚提到的那位讲师和孩子也是一样的感受。讲师会觉得你很不礼貌，不仅冒犯了他，也冒犯了其他观众；而你的孩子，虽然嘴上什么都不说，但心里一定很不好受。这么说是想让你知道：要让自己有存在感。不管你身处哪种情境：谈话、会议、讲座、与家人相处，都要全神贯注地关注你面前的人，关注正在发生的事情，并让自己享受其中。

如果讲座让你感到厌烦，那就离开，不要再回来，或者直接不去。如果手头的工作真的很急，就专心处理。不要一心二用，否则就会错过很多重要的事，也无法激励人们采取行动。

酒店管家为什么对我微笑

2013年5月，我和一位同事去美国做专业培训。

我们离开酒店的时候，在大厅看到一个管家正在打扫卫生。她对我们笑了笑，说："期待与你们再次相见。祝你们旅途愉快,感谢你们选择我们酒店!"

我们回以微笑,向她表示感谢,并称赞了酒店。

在接下来的几小时里,她的微笑和话语一直在我的脑海中回荡,我不禁想:"这家酒店的服务真好!"

其实,这家酒店并不高端,只是一家连锁酒店的小分店而已。而且那位管家也并没有服务过我们,她只是碰巧看到了我们,微笑着祝愿我们一切顺利,并表示感谢。

她说的那些话可能只是一些客套话,却有着强大的力量。

第一,她的话让我们离开酒店时心情愉悦,消费体验更好。

第二,她让我们明白:即使是最初级的员工,也有照顾客人的责任感。

第三,她提升了自己的形象。

在她对我们微笑的那一刻,我们也对她回以微笑。最重要的是——我们注意到了她的存在!

现在,我请你诚实地回答:在餐厅、电影院、活动现场、机场这些场所,你有多少次看到服务人员,却没有真正注意到他们?我想,每个人都有这种经历,不是因为我们刻薄,而是因为我们没有"看到"他们。但那位管家只是和我们打了个招呼,就引起了我们的注意。这对她来说也是一件好事，因为不管对我们还是对她来说，她的重要性和个人价值都增加了。

我每次都会被这种高水平的服务震惊到。即使是在最初级的酒店、餐厅和宴会厅中，工作人员也有着很高的服务水准。你会期望这些工作人员安静而有效地完成他们的工作，不要对客人有过多的打扰。

有些企业将服务视为工作的重中之重，服务行业的从业者会十分认真地对待他们的工作，并为自己的工作感到自豪，即使是那些最初级的服务人员——餐厅服务员、空姐、搬运工等。

研究表明，在好的服务企业里，绝大多数的初级服务提供者都会一丝不苟地对待自己的工作，在岗位上坚持许多年。当你认真对待工作的时候，就会对自己的工作持一种尊重的态度，并把自己看成组织里必不可少的一员。

"不积跬步，无以至千里；不积小流，无以成江海。"你现在所走过的每一步、做过的每份工作、经历的每一个阶段，都是你成功路上的垫脚石。你要给每个接触过的人留下好印象。

就像那个管家的微笑一样，不仅温暖了我，也温暖了她自己。

威廉·杰斐逊·克林顿是如何当上美国总统的

第42任美国总统威廉·杰斐逊·克林顿有一个特殊的习惯。

他的故事开始于20世纪60年代,在他还是一个16岁的高中生的一天,他参观了白宫,会见了当时的总统约翰·菲茨杰尔德·肯尼迪。从此他便下定决心,有朝一日自己也要成为美国总统。

在随后的几十年里,他会为遇到的每个人制作一张索引卡。这成了他生活中的一个小习惯,却对他的政治生涯产生了深远的影响。在这张索引卡上,他会写下这个人的名字、职业、认识此人的地点、此人配偶的名字等。就这样,他的办公桌上慢慢堆起很多木箱,里面全是按字母顺序排好的索引卡。

20世纪90年代初,他开始竞选总统。竞选中,他一直遵循这样的习惯:每次选举会议举行之前和他的团队一起翻阅索引卡,看看在会议上可能见到哪些人。

如果他在会议上看到了自己的支持者,如乔治,他就会当着所有人的面喊道:"嘿,乔治!最近怎么样?你的妻子苏西怎么样?哦,对了,今年的钓鱼情况如何?"

要知道，他已经许多年没见过乔治了，是如何知道这些细节的呢？

答案是：索引卡。

索引卡只是个不起眼的小卡片，但对于卡片上的人来说，却有着非凡的意义。

这些人会得到一种特殊的情感体验，毕竟，不是每个人都能被比尔·克林顿记在心里。于是，他们在第二天便会为克林顿进行病毒式营销，把这件事告诉所有认识的人。除此之外，他们还会帮克林顿另一个"小"忙——在即将到来的选举中为他投票！他们还会鼓动其他人为克林顿投票！

这就是所谓的激励人们采取行动。克林顿在这方面表现得非常出色。

在与人沟通时为什么要避免使用专业词汇

几年前，我在一场大型会议上开设了一场讲座，听众主要是生活导师。

一般来说，如果时间允许的话，我通常会提前到场，推迟离开，听一听在我之前及之后的讲座，那次我也是这么做的。在我之后开讲的讲师问了听众一个问题："假设你正陪着4岁的孩子在公园里玩，突然他摔了一跤，哭了起来，他最需要你做什么？"

听众十分踊跃地给出了答案，如"遏制""准许""认可"等。讲师在听到这些答案后十分震惊，我想，也许直到这一刻他才意识到台下坐的是生活导师。他示意听众安静下来，说："等一下朋友们，我想你们忽略了一个要点。这个故事的主角是一个4岁的孩子！他不知道什么是'认可'，也不知道什么是'遏制'和'准许'，他想要的只不过是你们的一个拥抱和一个吻啊！"

轮到观众震惊了。

我在一旁看得津津有味。此刻，我再次明白了为什么许多人在观点正确的情况下依旧说服不了别人，为什么他们的产品和服务质量很好，很适合客户，却依旧卖不出去。因为他们一直在用一种过于"高大上"的语言进行交流或写作，其中不乏一些普通人理解不了的专业词汇。

在日常生活中，没有人会使用这种语言，因为它很容易给人留下一种傲慢或蔑视他人的印象。无论我们处在什么样的年龄段，有过什么样的教育背景和生活经验，都不喜欢别人用高深的专业词汇和我们交流，更喜欢日常的语言和简单的对话方式，这样我们不必费劲去理解。许多人每天都会被专业材料淹没，需要翻阅数不清的文章和书籍，接触大量的信息，如果这些都是用高大上的词语写成的，那他们的工作量可想而知。

有时，面对大量的信息和观点，我们会把信息复杂化，无法用简单的语言向别人解释我们的工作内容、他们的问题该怎么解决、为什么我们的建议是正确的、我们能提供什么解决方案，等等。我们想变得复杂，想让自己看起来很聪明，但最终却让听众和客户不知所措。我在关于营销写作的话题中也提到了这一点：你怎么说，就怎么写。

当生活导师被问到那个问题时，他们用自己以前学过的专业知识给出了答案。这是那位讲师完全没有想到的。

他们想极力表现自己的老练，但弄巧成拙，没有给出讲师期待的简单答案。

所以，在和别人沟通的时候，你需要保证自己和对方处在同一起跑线上，要把话讲清楚，保证两人的出发点是一致的。

如何保证别人在你身边时感觉良好，并保持微笑

与人沟通时，使用积极而有力量的语言是非常重要的。

当我们与客户、供应商、员工、同事、朋友、孩子、亲戚等交谈时，我们使用的语言会对另一方的潜意识产生巨大的影响。我们选择词语的方式、说话的方式，以及我们的语气和表情，在说服过程中都扮演着十分关键的角色。很多时候我们自己都意识不到这一点。

迪士尼就是个很好的例子。在第6章中我写道：迪士尼所在的游乐园行业风险极高，世界上绝大多数的游乐园要么关停，要么倒闭。但迪士尼却一枝独秀，成为一家赚钱能力极强、十分成功的公司。它的成功有很多秘诀，最主要的一个是：员工与游客或员工之间的沟通方式。

迪士尼没有官方的企业宗旨，但人们认为，快乐和体验就是它的宗旨。它力求为游客带来一种积极的体验，更确切地说，是一种快乐的体验。它希望人们带着微笑来，带着微笑去。

为了这个愿景，迪士尼开发了自己的语言，我称之为迪士尼语言。所有员工都必须使用这种行话，目的是在员工和

游客之间创造一种正向的表达和思维方式。

比如：

员工被称为演员。

客户被称为客人。

游客被称为观众。

员工所穿的制服被称为服装。

游客在商店和售货亭的消费行为被称为投资。

这样的例子不胜枚举。而这所有的一切，都是为了给员工和客户（客人）创造一种积极的氛围，让他们感觉到自己被重视。

你可能在想："不就换了换词吗，能有多大的区别？"

区别可大着呢！

正如我说过的，这种区别会在我们的潜意识里产生巨大的影响。我们以一个非常常见的短语为例：没问题。

想象一下，当你在商店、公园、餐馆或办公室里工作时，一个顾客走过来问你："你能帮我找件这个尺码的衣服试一下吗？""再给我拿两包番茄酱可以吗？""你能给我详细讲讲吗？"然后你不假思索地回答道："没问题。"

这么小的要求怎么就成了"问题"呢？

哪来的"问题"？

迪士尼的员工一定不会说出这样的字眼。

他们一般会回答"乐意效劳"或"当然可以",而不是"没问题"。

哪怕你问的问题他们不是很确定,也绝不会说:"我也不知道。"而会说:"我帮您看看。"而且,他们的脸上永远挂着微笑。

在迪士尼,游客的快乐高于一切!如果游客问员工:"请问,游乐园什么时候关门?"员工会回答:"我们营业到八点半。"

注意到这个小细节了吗?员工不会说什么时候关门,而是说营业到什么时候。在客户体验这一方面,迪士尼的做法与其他游乐园有很大的区别。

在匈牙利的布达佩斯,我曾在一个拥挤的酒吧门口看到过一块牌子,上面写着:"帅哥美女请稍等,马上为你们安排座位。"大部分前来消费的人在看到这块牌子后,都会在酒吧门口排队,等老板娘为他们安排座位。不知你是否留意到,牌子上有一句对顾客的赞美——帅哥美女,这会使顾客下意识地感觉更好,露出会心的微笑。更重要的是,这句话使这家酒吧从所有的酒吧中脱颖而出。

在工作中,我们难免会碰到些小插曲,如进度延迟、客户需要等待、库存售罄等。如果你能学会运用那些成大事的小节——微笑、耐心、赞美、表扬、鼓励、给予关注——就能让客户以相对更加平静的心态接受这些小插曲。

只有客户满意了,他才会:从你这里消费更多,更常咨询你,更少与你争吵,向更多人介绍你,成为你的宣传大使。

他们会为你做病毒式营销,比你雇用的任何销售人员都更有效。

如何防止客户对你感到失望

你想表达对孩子的疼爱,决定每天给他吃一块巧克力。于是,在接下来的一个星期里,你每天在接他放学或吃过晚饭时给他一块巧克力。后来,你觉得天天吃巧克力对他的身体不好,就告诉他:"今天没有巧克力。"

此时他会做何反应?

他会在地上打滚,会怒不可遏,会号啕大哭,会大喊大叫,会说你是世界上最糟糕的父母……他为什么会这样呢?

因为之前你一直在宠着他，天天给他巧克力，让他把这件事当成了理所当然，当成了生活的一部分。所以，当你突然不给他巧克力的时候，他就会把你之前对他的好忘得一干二净。只要你停了他的巧克力，他就会控诉你的忽视。

简单来讲，你已经让他习惯了你对他的好，现在却突然把这份好收走了。

现在我们来假设另一种情况：其他条件不变，但这一次你不是每天给他巧克力，而是把巧克力变成一种奖励。只有在特殊活动、聚会、周末，或是得到老师夸奖的时候，你才会用一块巧克力来嘉奖他。

那么，你再给他巧克力时，他会说，你是世界上最好的父母，是父母的典范。你们家简直就是现实版的《脱线家族》①，而且你在这种情况下给他的巧克力比之前少得多。

每个人在得到想要的东西时都会有一种感激之情，但如果不费吹灰之力就能得到想要的东西，或是经常能收到想要的东西，可能就不会有感激之情了，甚至还会瞧不上这些东西。

这个道理不仅适用于你的孩子，也适用于你的客户。

作为服务的提供者，如果你向客户承诺自己会提供全天

---

① 译者注：美国喜剧电影，电影中的布雷迪一家称得上是模范家庭。

候不间断的服务，那一旦你犯了错误，他就会给你打电话，完全不管白天黑夜。每次他打电话的时候，你都得放弃休息时间和陪伴家人的时间，甚至在竞争对手玩得正欢的时候，你还在接客户的电话。

一天晚上，你在参加家庭活动，他又给你打来电话，这次你没接。第二天一早，你赶紧给他回了电话，他却说："你昨晚干吗去了？为什么不接我电话？我一直在找你！"

他大发雷霆，对你之前的服务没有丝毫感激之情。这是你自己惯的，你完全没有向他设限。你完全可以告诉他你在深夜不会回复，也可以说不紧急的事等到第二天早上再处理。这样他才不会对你的优质服务没有任何感激之情，也不会在你唯一一次没有秒回的时候大发雷霆。假设你没有向他许过那些承诺，而是告诉他，你只接受在标准工作时间内和他沟通（如早九点至晚五点）。然而某一天，他在规定时间外遇到了问题，需要你的建议和帮助，他会怎么做呢？他会"鼓起勇气"，无比忐忑地拨通你的号码。你接听了，给他提供了快速且有效的服务，解决了问题。此时，他会认为你是他的"救命恩人"，认为你拥有世界冠军级的服务。他会十倍地感谢你，一百倍地为你宣传。

你给了他非常良好的体验，让他觉得自己很特别。他会觉得，虽然你向他提出了明确的条件，但当他有困难的时候，你还是毫不犹豫地向他伸出了援手，做了自己分外的事情。

所以，想让你的客户感激你，你就要给他们一种很惊喜的感觉。

给他们提供承诺以外的福利、服务或折扣，他们就会崇拜你。

想让他们失望，那就给他们做足承诺。只要一次不兑现，你就知道厉害了。

关键知识点

给予关注，让人们感到舒适：

- 在与他人交谈或会面时，添加他们的联系方式，写下备注。
- 不要和客户成为朋友。以正确的方式对客户设限非常重要。

- 可以用口头或书面形式向客户做出营销承诺，但必须能够兑现这些承诺。
- 当人们有吃有喝的时候，会感到更放松、乐观、积极。
- 大多数人希望与他们的供应商建立长期的合作，并希望对方提供一站式服务，给自己全方位的体验。
- 当有人问你喝不喝东西时，你应该接受，还要邀请对方一起喝。
- 在任何情况下都要给予身边人足够的关注。
- 不管出于什么目的，你都要认真对待你的工作。
- 我们希望别人用日常的语言、简单的方式清楚地跟我们对话。
- 小细节创造大成功：学会用微笑、耐心、赞美、表扬、鼓励来给予关注。
- 人们在得到想要的物件时会产生感激之情，但不费吹灰之力就得到想要的东西，或可以经常收到想要的东西，可能就不会有感激之情了，甚至还会瞧不上这些东西。

10

如何让他人在不了解你的情况下信任你

如何在完全没有经验的情况下取得成功

在营销领域，自由职业者和受薪员工面临的最大挑战是推销新产品或新服务，或做一些之前没有做过的事情。

也许你初任管理者，需要在员工心中建立权威；也许你在工作20年后决定在45岁自立门户；也许你正在推销公司的新产品；也许你的公司刚进军一个新的领域……所以，你突然需要在没有背景依靠的情况下推销自己。

你现在所面临的最大障碍是：你在这个领域完全是个"新手""没有任何经验"，内心一直有个声音：

"谁会买我的新产品？""这真的值得我这样做吗？""新员工和客户会尊重我吗？""我在这个领域完全没有经验，也没有任何客户！""新产品都还没卖出去呢！"

这么想，你就会在无意中把这种信号发送给全世界，客户也会将你看成一个"新手"，很难在你身上下"赌注"。

因为他们更倾向于选择已经成功的人。人们有规避风险的本能，所以总是会倾向于选择自己熟悉且信任的东西，而不是冒险去选择一种新的产品或服务。那么，当你面临这种情况时，你会怎么做？

本章我将介绍一个强大的营销工具：社会认同。它是指你已经做过的事、已经取得的成功，能客观地证明你的能力。具体有：

- 你的简历以及之前从事过的工作。
- 你的学历以及受教育程度。
- 你之前取得的成就，以及之前的客户和老板对你的推荐。
- 你所获得的荣誉及奖项。
- 你处理国际贸易的经验以及自身独特的优势。
- 之前合作过的知名客户。
  ……

你要知道，在你担任一个新职务或推出一个新产品时，并不是真正在从零开始。你可以"吹嘘"自己之前的成功、做过的事情、担任过的重要的角色，你也可以利用推荐信、照片，关于你的文章、视频的浏览量等来为自己做证。

举个简单的例子：你看到一部新电影的广告（或在其他电影片头看到它的预告），但你不知道它好不好看，你不想浪费一个晚上去冒险。电影公司也考虑到了这一点，所以他们会在广告上注明"来自为你带来过……的导演"。

如果这部电影是一部动作片,他们可能会写:"来自《不可饶恕》《约翰·威克》《坏小子》的导演。""来自曾两次获得奥斯卡奖项的导演。"

为什么要这么写呢?

因为你在看到这些信息后会想:原来是他啊,我看过……拍得非常不错,这部我应该也会喜欢。或者:这谁啊,不认识。不过既然他拿过两次奥斯卡奖项,应该是个厉害人物。

这就是它的作用,能引起你去看这部电影的欲望,让你高看这个导演一眼。

我们每个人都有社会认同,在生活中取得的所有成就、走过的每一步,都可能帮助我们在日后取得成功。但大多数人都不会好好利用它们,不会告诉别人自己曾经的成功。从营销的角度来看,就像敌人拿着机枪,你却拿着棍棒。

你要用所拥有的东西来武装自己,如学历、资历、培训证明、客户推荐信、成功故事、奖项、军衔、合作过的名人等。当你发表演讲、参加面试、开办讲座或召开销售会议时,也要从中提炼关键信息,作为推销自己的撒手锏。

你可能会问:"我只有18岁,几乎没什么社会认同,我应该怎么办呢?"

我只能说:"不管你是谁,不管你处在人生的哪个阶段,都有社会认同。"

你只需要使用迄今为止所积累的信息就可以了。举个例子:如果一个高中生想申请某所大学,他应该展示什么数据?答案是:他的高中成绩和SAT①分数。

当他成了法学院的学生,在大三这一学年想去一家律所实习,应该展示什么数据?他在学校前两年的成绩。因为这才是律所感兴趣的东西,高中的成绩已经不重要了。

现在我们再上升一个阶段:这个学生已经从法学院毕业,顺利通过考试(面试和笔试)拿到了自己的律师资格证。他准备在一家律所找一份专职律师的工作。那么,律所现在会要求他出示什么?答案是:实习律所给出的书面意见,以及他在美国律考中取得的笔试和面试成绩。此时的他又在人生的道路上迈进了一步,所以他在法学院的成绩已经不那么重要了。

社会认同就像营销炸弹。不管在人生的哪个阶段,你都要重视过往的成就,根据自己的职位,将自己的成就作为介绍自己的资本,"全副武装"地参加各种会议。只要对你的

---

① 译者注:全称为学术能力评估考试,由美国大学委员会举办,其成绩是各国高中生申请美国大学入学资格及奖学金的重要参考。

处境有用，就要利用起来。

21岁的人不可能有21年的经验，不可能（除了天才中的天才）拿到四个学术学位，但可以比其他21岁的人更优秀。做到这一点，你就可以找到好工作，取得非凡的成就。

谁是第一个给酒保小费的人

有的酒吧里有小费罐，它被放置在柜台最显眼的位置。虽然上面什么都没写，但你心里很清楚：在得到服务或买了饮料之后，要自觉地往里面扔几块钱。如果你给的小费很多，酒保就会敲响铃铛，告诉其他顾客你有多么大方。

不知道你有没有注意过，这个罐子从来都没空过。

不管你晚上几点去，里面总是已经有些钱了。

谁是第一个往罐子里放钱的人呢？

是第一个顾客吗？还是酒吧的老板？其实都不是，真相是酒保本人。

酒保把罐子放在柜台上的时候，就会掏出几块钱放进去。

这听起来好像不太对,酒保怎么会自己给自己付钱呢?这根本不合情理啊!但事实就是这样,这就是社会认同的作用。

社会认同背后的逻辑是:人们相信,如果别人做了某件事,自己也应该且能够去做。而且做这件事的人越多,自己就越容易被说服。顾客不想成为第一个给小费的人,如果一开始罐子是空的,就没有人愿意做"小白鼠"。

当我去酒吧的时候,我并不知道自己是不是第一个顾客。如果罐子里有钱,我也会高兴地往罐子里放一些。罐子里的钱越多,我放的也越多。社会认同是一种非常有说服力的工具。如果你想轻轻松松地说服自己的客户,就把你之前成功的例子搬出来吧。

有两家餐馆,一家满客,另一家是空的,你现在很饿,会选择去哪家吃饭

2014年4月,我和妻子一起去了希腊。有天晚上,我们决定出去吃晚饭,却在到达目的地后犹豫了。那里有两家紧挨

在一起的餐馆，其中一家是满座，外面排着长长的队，老板娘在外面叫号，另一家几乎没什么人。

此时我们陷入了两难境地：到底该去哪一家呢？如果去空着的那家，店员们肯定会夹道欢迎，几分钟就把菜上齐；如果去满座的那家，至少要等15分钟才能等到老板娘叫号。而且我估计，就算我们进去了也得等很长时间，服务员根本就忙不开。

当时我们已经很饿了，很想去那家空的餐馆，但那条简单的营销原则——社会认同——又扰乱了我们的思绪。我们受到周围人的影响，还是倾向于和他们做同样的选择。

当看到一家餐馆爆满，很多人在等着排队时，我们就会下意识地认为：既然这么多人都愿意在这里排队，这家餐馆一定很不错，我们在这里排队肯定不亏。但当看到一家餐馆里没什么人时，我们就会认为它不是一家好餐馆。

尽管这种逻辑可能存在误差，但确实会影响我们在商业、消费和营销方面的决定。最后我们还是去了那家满客的餐馆，相信如果是你，也会做一样的选择。

想打败对手，赢得客户，就必须为自己创造关于自己或企业的社会认同。

你要为初创公司筹集资金,如何提高成功的概率

在经济学中,有一个重要的原则被称为"理性冷漠",是指在任何情况下,人们都会权衡付出和收益。有时,即使外部环境威胁到自身,人们也会选择无动于衷、不干预、不改变的态度。

比如,一天早上,媒体突然公布:国内所有银行都决定将服务费上调1%(每人每月多扣不到1美元)。绝大多数客户在听到这个消息后都会觉得不安,但他们只会抱怨和投诉,不会做出其他实质性的行动。

为什么呢?因为虽然他们都受到了损失,但损失并不大。而且从付出和收益的角度来看,这项政策并不值得他们去"对抗"银行、签署请愿书、抗议、注销账户或是寻找替代方案。每个人都在下意识地等,等别人先表达不满,改变当下的状况。所以,最终的结果就是每个人都在等,没有人行动。

银行便利用人们这种心理,通过这样的方式轻而易举地获取了数亿美元的利润。现在我们进入正题。

"理性冷漠"是如何影响营销和说服的?

如果我想说服一群人,必须给每个人一种感觉:其他人

全都签过字了,就差你了,或这件事一定能成功,你要珍惜我给你的这次机会参与进来。

这就是成功的唯一途径。

比如,我创办了一家企业,需要筹集100万美元,约了10个投资者见面,希望从每个人那里拿到10万美元。如果我告诉他们每个人,我还约了其他9个投资人,会再去找他们每个人申请10万美元,那么这10个人会给我这样的回答:"没问题,我很乐意投资。这样吧,等你和其他9个人都签过协议后再来找我,我再投资……"

他为什么这么说?因为没有人愿意做第一个投资的人,拿自己的钱冒险。这就是"理性冷漠",这会让你的公司因为筹不到钱而无法起步。

你应该怎么做呢?

在介绍自己公司的时候,着重突出那些确定的、有保障的事。例如,"我们计划在6个月内开始启动项目,而且已经做过研究,验证了这个项目的可行性,它有很大的市场潜力。如果你投资10万美元,我们将给你10%的股份,让你也分得一杯羹"。这样就能提高所有人为你投资的概率。因为在你的"描绘"中,你的公司不用依赖其他人。投资者唯一需要考虑的是他想不想来分这一杯羹。

如何让比你更资深、更有名的人注意到你

美国顶级技术和风险资本家之一——彼得·摩根·卡什，曾在其优秀著作《创造你自己的运气——你在商学院学不到的成功故事》中，回忆了他与一家制药公司的故事。

当时，卡什为了增加公司的收益，和几十位商人一起参加了一场著名的筹款活动。活动期间，他们与当时的州长阿诺德·施瓦辛格进行了会面。施瓦辛格不仅是个动作片大腕，还是位政治家，属于社会名流。当时在场的几十位商人和经理都期待着能与他交谈。当他和妻子进入会场的时候，几十个人立马围了上来，试图争取到几秒的时间和他谈话。

此时的卡什明白，他应该是没有机会引起州长的注意了。即使有，也和其他人一样，只有几秒钟罢了，没什么太大效果。卡什注意到了施瓦辛格的妻子（现在是前妻）玛丽娅·施莱弗。由于大家都忙着和施瓦辛格套近乎，一时间没有人注意到她，也没有人与她交谈。她只是静静地站在那里，看起来还有点害羞。

卡什走到她面前，与施莱弗交谈了起来，她对这种关注感到非常惊喜，微笑着与卡什进行了交谈，很是自在。卡什看

到,施瓦辛格虽然被几十个人围着,却一直在用余光看他们,显然在想:这个人是谁?怎么和我老婆谈了这么长时间?

几分钟后,施瓦辛格走到他们面前,对卡什笑了笑,问施莱弗:"玛丽娅,这人是谁啊,和你聊这么久?"她回答道:"这是彼得·摩根·卡什,你必须得认识一下他!他就职于……"

然后,谈话就开始了。彼得·卡什达成了自己的目的:得到了州长的时间,提出了他的问题。

这个故事说明交际、说服、自我展示和行动号召中的几个关键原则:

1. 发散性和创造性思维:他没有像其他人一样围向州长,而是尝试了其他方式。

2. 主动性原则:尽管他不认识施瓦辛格的妻子,还是主动接近了她。

3. 社会认同:施瓦辛格一走到他们面前,施莱弗就介绍了卡什。卡什就不用再进行自我介绍,因为施莱弗的介绍更加有效,更有力量。

在听众的潜意识中,当问题由利益的非相关方提出时,信息的共鸣要强大得多,成功说服他们的概率也要高得多。

为什么要告诉客户你经常做什么体育活动

在自我营销和个人品牌建设这一方面，大多数人都有一个强大但客户却不知道的社会认同：体育活动。

如果你有运动的习惯，那么无论是铁人三项、马拉松、冲浪、帆板这种高强度的极限运动，还是定期跑步、瑜伽这种低强度的运动，都应该把这个习惯告诉客户。为什么呢？

首先，如果客户本身就喜欢运动，你们之间便有一个很好的破冰话题。有共同的兴趣爱好，自然就有可聊的话题，有助于你们建立起联系。毕竟，人们都喜欢和"像"自己的人做生意。所以找到与客户的共同点，客户就会觉得你们之间存在着某种联系，而这能大大提高合作的机会。

体育活动除了能让你和客户产生"化学反应"之外，也是一种社会认同。在谈话、会议、讲座或在你的营销材料中，告诉别人你经常运动，无意间说明了你是一个有恒心的人；你做事始终如一；你很有耐心，不会只有3分钟热度；你很有活力，能量满满，不会轻易感到疲倦；你是个赢家，不容易放弃；你喜欢挑战自己；你能为客户服务很多年。

我这么说可能有失偏颇。一方面,不是每个喜欢运动的人都充满活力,精力充沛,一直是个赢家,另一方面,运动也不是长寿的保证,但在你说出自己喜爱运动的那一刻,确实能提升自己在客户心中的形象。

客户会下意识地对自己说:"如果他能坚持不懈地运动,时刻保持精力充沛,那他在服务时应该也是这样的。所以,我应该选择他。"

尽管你只是在空闲时间做运动,看起来和你的事业没什么关系,但如果你对它加以正确利用,对你的事业就大有裨益。

问题是,大多数人没有利用好这一点,没有把它转化为成功的助力。原因多种多样:不明白这件事的重要性、不喜欢这样做、不想与客户分享自己的私人生活、不想给客户留下傲慢的印象,等等。

但你不能做这"大多数人"!

你必须好好利用自己的"营销炸弹",为他们提供自己的真实信息,越多越好,这样才能提高自己在生活、工作和商业等方面成功的机会。

志愿服务如何增加你的收入

做志愿者就是把自己的时间奉献给社会、社区和国家。有很多种方法，比如：成为非营利组织的成员；为有需要的人提供资金援助；参与非营利社会组织的管理；帮助残疾人进行体育活动；在家暴援助中心开办讲座；在问题青年热线中心做话务员；晚年积极参加预备役；加入孩子家长会的领导小组；等等。

如果你做过志愿者，一定要把这件事告诉你的客户。从营销的角度来看，这一点非常重要。你可以把这件事写在自己的网站或营销材料上，也可以在和客户通话或开会时告诉对方。

社会活动和志愿服务能帮你赢得他人的赞赏，加强你的品牌形象，让别人觉得你很可靠，大大提高与客户合作的机会。对很多人来说，社会活动和志愿服务是最有力的社会认同，也是最有效的营销手段。

原因在于：

第一，对方会认为你是个有价值的人。这不在于你参加了什么活动、做出了多大的贡献，也不在于你参加活动的目的是什么,只要做了,你就会向对方传达一种信息:你是个"好人",值得信赖;你很敬业,愿意为他人着想。对方会想:"他做过志愿者,肯定是个心善的人,应该不会骗我或者给我虚假信息。"如此一来,客户就能更放心地把钱和梦想托付给你。

第二,从经济的角度来看,当你和客户说自己做过志愿者时,会无形中给他传达这样的信息:你有时间和闲钱,日子过得不错。这可能不是实际情况,但他们会这么认为。毕竟,一个挣扎在温饱线上的人不会有闲钱捐给别人,一个不能给员工发工资、给供货商结款的公司,也不可能让员工出去做一天志愿者。

心理学家亚伯拉罕·马斯洛的需求层次理论,解释了什么是人类生活的动机。他指出:人类的普遍需求有五个层次或阶段,处在最低层次的是基本的生理需求。比如,对于饭都吃不饱的人来说,最重要的是在一天的忙碌结束时为孩子带回食物。他们只会专注于生存,没有多余的精力分给道德、包容、自觉这些美好的品质。而最高层次的需求是自我价值的实现以及获得道德、包容、自觉等这些美好的品质。社会活动和志愿服务便是这个层次的一部分。客户了解到你在做志愿者,愿意为别人奉献自己,会更愿意和你合作,这就是对自己最好的宣传。

我相信很多人都在做社会活动和志愿服务，但还没有把这些无形资产好好利用起来。现在就对其加以利用，让它们成为你有力的营销工具。

你要把照片或视频发脸书，背景应该放什么好

我于2005年开始学习法学，并在2010年拿到了自己的法学博士学位。其间我研究过一个课题：法官如何建立专业权威，在审判中说服各方，以及如何在公众舆论中维护自己裁决的正确性。

当时人们普遍认为，这是一个革命性的话题，我代表学校在一场国际学术会议上进行了发言（当时还是研究生，后来才是博士）。我发言的主题是：法院系统向我们所有人都推销了一种"产品"，这个"产品"实际上是"公众对司法系统的信任"。如果没有公众的信任，法院系统就会崩溃。

例如，一位法官判处了我几年监禁、支付高额赡养费或高额罚款，由于我对法官的不信任、对判决的不服从，判决最终没有执行，那么判决和法律工作也就失去了意义。不要以为这是天方夜谭，如果我在"所有人都互相认识"的小国家或城市中，这种情况很可能会出现。我可能认识审判我的法官，也许他和我住在同一个街区，也许我经常遇见他跑步或遛狗。在我的眼中，他和普通人没什么两样。但有一天，我突然成了商业纠纷的一方，站在他的面前，他还做出了对我不利的裁决，要求我向前合伙人支付巨额的赔偿。这种时候，我会服从他的判决吗？根本不可能。毕竟在我眼里，他只是个做出错误判决的普通人。

这就是法律体系发明一系列规则和原则的原因。这些规则和原则旨在说服我，让我服从法官的权威，所以除了营销工具以外，我找不到更好的词来形容它们。法官的权威是怎么提高的呢？主要体现在两个方面：一是语言措辞，如法官撰写裁决的方式、推理的方式以及处理请求的方式；二是具有代表性质的州徽，即法官读判决书时背后挂着的东西。

法庭的建造规格和剧院很相似：一个类似舞台的审判区，下面是观众席。这种规格让审判的规则一目了然。当诉讼程序的当事人进入法庭时，潜意识中会认为这里已经不同于自己刚才所在的"外部世界"。当法官进入法庭时，所有人都会站起来以示尊敬，然后法官坐在高高的法桌后。特别有趣的是，世界上所有的法庭都会在法桌后面挂上类似州徽和州旗的东西（不同的国家有不同的规定）。从表面上看，这是一个不重要的细节，几乎没有人会注意到这一点，事实上它非常重要。

因为在我们的潜意识中，恰恰是这些东西授予了法官权威。现在，坐在法庭上主持诉讼的人不再是街边遛狗的邻居，而是国家的代表，他代表国家站在了我的对立面，而我只能服从他的决定。

让我们回到营销的问题上来。

我们都知道，一张照片胜过千言万语，一段视频又胜过千张照片。但当人们拍摄宣传照或视频，并将其上传到社交媒体上时，往往不会注意背景中有什么。

拍摄的对象和地点固然重要，拍摄画面的背景也很重要，因为它就是说服过程的一部分，对观众的潜意识有很大影响，甚至直接影响你能否建立品牌、树立权威。

2014年，我去巴西观看了世界上最盛大的体育赛事——世界杯。在里约热内卢下飞机后，第一个引起我注意的居然是——赞助商。

当时,世界杯最大的赞助商是可口可乐,第二大赞助商是麦当劳。

这听起来实在太不符合逻辑了。虽然这两家公司都规模巨大、利润丰厚,但这是一场体育赛事,它象征的可是健康!在我们的心中,这两种产品和健康可谓毫不相干,甚至是相互矛盾的,这恰恰是这两家公司为世界杯赞助的原因——他们想在自己的产品和体育健康之间建立起联系。

当时有个画面令我印象非常深刻:克里斯蒂亚诺·罗纳尔多,这位有史以来最伟大的足球运动员之一,在葡萄牙队参赛的前一天接受了一次采访。

在新闻发布会上,他身前身后全都是可口可乐和零度可乐的瓶子。熟悉这位传奇球员的人都知道,他从来不碰这些东西,连一般的甜食也不碰。他对待自己的身体就像供奉神庙里的天神一般虔诚,这也是他成功的原因之一。即使有人拿枪指着他的头,他也绝不喝一口可乐。但当他和那些可乐瓶子出现在一个画面里时,你可能会在潜意识里觉得可口可乐等于健康,如果你也想如罗纳尔多一样成功,就必须喝很多可乐。

当然,你知道这是不正确的,至少这是不合理的,但为什么会这么想呢？因为你的潜意识在作祟。所以，当你为了进行宣传拍摄视频、现场直播、上传帖子或更新动态时，一定要注意画面后面的背景。

- 想让自己看起来博学多识吗？

那拍照时就在身后摆上一排"有营养"的书籍（传记、商业书籍等）。

- 想让自己看起来如社会名流一样受人欢迎吗？

那就和崇拜你的人合影，可以是你的听众、你的员工、政治活动家、你的支持者等。

- 想让自己看起来很酷吗？

那就站在炫酷的东西（五颜六色的背景、冲浪板、有趣的涂鸦、游戏等）旁边拍照。

- 想让自己看起来很爱国吗？

那就在国旗、州徽、领导人及知名人士的照片、历史遗迹的旁边拍照。

- 想让自己看起来十分顾家吗？

那就在家里和孩子一起拍照。

这样的例子很多，重点是镜头，它是有语言的。照片上的文字、视频里的语言信息都会被深深地印在观众、读者的脑海中。除此之外，非语言的信息，如照片和视频的背景也同样重要，甚至可以说更重要，因为它们会被印在大脑的潜意识部分，构成你说服和销售所必需的社会认同。

哪四个字最能激励人们采取行动

如果我现在想说服一个人参加一场活动，如一场商业会议、一场婚礼、一场政治集会、一场音乐会，我可以向他说明这场活动的价值、他能从中得到什么好处、能收获多么好的体验等。但有一个方法可以让我的说服更高效，让他觉得自己一定得来参加这场活动，那就是和他说四个字："我也会去。"如果我之前参加过类似的活动，我可以说：

"我也去过。"这类话的力量在于它可以大幅提高话语的真实性和可信度。

也就是说,如果我想"推动"别人做一件事,就说自己也做过或打算去做这件事。世界上最困难的说服是自我说服。如果我连自己都说服不了,就别提说服别人了。如果对方反问我:"你自己去吗?"我应该回答"是",一旦我说"不",那基本就没有说服他人的可能性了,理由编得再好也没用。

对方会想:你自己都不去参加这个活动,凭什么让我去?

销售产品和服务也是如此。我可以滔滔不绝地介绍某种产品,直到我筋疲力尽为止,但我完全可以用一种更轻松的方式,那就是说四个字:"我也在用。"

这就是为什么服装连锁店会"强迫"自己的员工穿自己店里的衣服。

想象一下:你去某家服装店买衣服,如果售货员全身都穿着对手品牌的衣服,你还会想买她给你推销的衣服吗?

所以,想让对方相信你说的话,相信其中的价值和好处,就要向他们证明,你自己也在生活中使用了你所推销的东西。

我和妻子是如何为大儿子选择保姆的

2009年，我和妻子决定雇用一个保姆来照顾我们只有几个月大的儿子——诺姆。我们展开了一系列的工作：上网查找、询问附近的家长、咨询家政公司等。这些工作完成后，我们进行了下一步的工作：面试。

诺姆是我们的第一个孩子，我们非常紧张，不知道如何考察保姆的资质。我们不仅考虑了她们的优点，也考虑了她们的缺点。有些保姆给我们留下了深刻的印象，我们摇摆不定，不知道到底该选谁。

这时，艾薇塔出现了。为什么她一下子就征服了我们呢？因为她不光在嘴上说明了她的情况、经验、专业和诚实，还用实际行动向我们证明了这一切。她没有像其他保姆那样空手而来，而是带来了一个文件夹，里面整整齐齐装着很多文件。

这些文件包含她在过去15年服务过的所有家庭为她写的推荐信，还有她在育儿领域拿到的所有专业技能证书，这给我们留下了深刻的印象。

之前也有保姆介绍过类似的技能，但她们只是嘴上说，我们不知道真假，但艾薇塔真实地给我们提供了社会认同。

如果你只告知自己的情况、之前服务的家庭对你有多满意，我们难免会觉得这种评价是你美化过的，毕竟那只是你的一面之词。但如果你拿出一封实实在在的推荐信，让我们亲眼看到你的资质，就显得更专业，你的话也会更有说服力（因为别人的评价更客观）。如果你只告知学过哪些技能，我们也不一定会信，但如果你把证书往桌子上一拍，那达成合作就是可以肯定的事了。

所以，如果你也想说服你的客户并给他们留下深刻印象，就要用自己的社会认同向他们证明。推荐信、证词、证书、学位和奖项、客户名单、你与观众和产品的合影、与业内专家的合影等，都是非常不错的选择。

艾薇塔带来的社会认同，成功地让我们选择了她。同样，你也要用这样的方法让你的客户选择你。

名人推荐真的有用吗

如果我告诉客户、投资者、选民，我很了不起、很专业、很聪明、很优秀，这样并不好，这种推销听起来不仅傲慢、咄咄逼人，还不怎么可信。

因为我一直在说自己，传达的信息非常主观。但如果这些话是从其他人嘴里说出来的，就不一样了。信息会变得"客观"，可信度和真实性也会得到保证。

为什么"客观"这个词要加引号呢？因为我可以自己创造出这种"客观"来。我可以在获得允许后把客户的证明拍个照，可以分享自己多年来收到的感谢信和推荐信，可以在自己的书登上畅销榜时截个图，可以把自己获得的证书挂在墙上，以证明自己的资质（诊所的医生和心理咨询师经常这么做），还可以告诉别人自己跟哪些名人合作过，给过他们哪些帮助。

来自各领域的名人、网红和舆论的塑造者，通常能构成非常强大的社会认同，因为他们周围有"光环效应"。为什么说"通常"而不是"总是"？因为有时人们对名人的不适当利用，造成的弊端远大于好处。

社会认同确实是一种强大的营销工具，但只能作为营销的补充，不能当作主力来使用。促成交易的，从来都不是五花八门的工具，而是你这个人。没错，是你。无论推销产品、服务、想法还是你自己,你最终的撒手锏都是你自己,那个存在于现实、网络和媒体上的自己。

所以,如果你想快速且高效地取得成功,就站在舞台中央吧!所有的营销工具,都只能起到辅助作用而已。

我想让你做我的客户,但我不需要你做我的客户

实现财务自由是什么意思?

真正的财务自由是指:如果你想要某个东西,只会看自己需不需要,不会在乎它多少钱;你想找份工作,只会看自己喜不喜欢,不需要因为某些原因而向不喜欢的工作妥协;你想去加勒比海玩两个星期,随时随地都能去,不需要攒两年的钱;你想买或租套房子,只会看它舒不舒服、自己喜不喜欢,不会因为没钱而跑去偏远的城镇或郊区。

也就是说,你可以按照自己的意愿生活。财务自由不在于你有多少钱,而在于你的喜好。对一些人来说,钱再少也能随心所欲地生活,而对另一些人来说,钱再多也永远不够花。

我希望你万事靠自己，不依赖任何人，这样你就能底气十足地辞掉工作，"解雇"客户，拒绝一些不合理的建议。我常常用营销学中的一句话来描述："选你做我的客户，只是因为我想，不是因为我需要。"我们假设两种情况：第一，你是一个老板，现在你的企业濒临破产，面临着财务压力；第二，你是个打工族，正在参加面试或向客户推销。不管哪种身份，在与客户沟通时，都很有可能表现出自己的压力。一旦对方察觉到这种压力，你就可能有经济上的损失。

是的，因为压力，你可能会受到损失。那如何避免这种损失呢？你需要平静而放松地向客户传达一种信息：和他合作，只是因为你想，不是因为你没有其他选择（虽然可能你当下确实没其他选择）。作为老板这么说，更有可能说服客户、达成交易，挽救濒临破产的企业；作为求职者，更有可能会被雇用，获得期望的薪资。因为这种说法会在现场释放出一种自信和成功的气息。

这是一个思想层面的问题，你向客户传达了一种"有没有他都一样"的感觉。但大多数人没有把这个问题放在思想层面，而是直接付诸行动。他们直接向客户表现出自己的经济压力，表现出自己愿意做任何妥协的态度。

我们以出书来举个例子：某人写了一本书，想出版。他把书寄给一家出版社，想得到投资和出版许可。一般来说，他会遭到很多拒绝，出版社可能会给出这样的借口："市场上有很多这样的书""现在不是时候，也许要到年底""以前有很多和你这个风格差不多的书，但都没卖出去"，等等。

所以，他可能要费很大的功夫才能找到一家相信他并愿意出版这本书的出版社。但他完全可以先为这本书举行一次众筹活动，在书出版之前筹集到制作和营销所需要的资金，再去找出版社。这样情况就会发生逆转，出版社想要出版这本书的可能性将大大增加。

为什么？因为他让出版社预见了这本书的成功。他用行动向出版社证明，虽然书还没出版，但其销售潜力非常大，人们对这种书有需求、有兴趣。所以说与其追着出版社跑，不如主动把出版社吸引过来，这样他就有了更多选择。

我的一位同事是一家初创公司的老板，曾为公司开发的软件举办过成功的众筹活动。在发起活动之前，他试图敲开一些大型风投基金的大门，却屡屡碰壁。他们都不愿意给他的初创公司投资，有些甚至连面都不想和他见。

于是，他开始面向公众筹集资金，并从几千名支持者那里筹集了几十万美元。此时，令人惊讶的事情发生了：所有的风投基金都开始对他感兴趣，想约见他。

为什么？因为他的众筹活动表明他肯定会成功，表明人们对他的软件有需求，后期他将拥有大量的客户。所以从现在开始，他可以自由选择和谁合作。而且很明显，无论他选择与哪家基金合作，都能得到一大笔投资。

我举这个例子只是为了说明："与你合作，是因为我想，不是因为我需要。"

把你在生活和工作中的成就记录下来，好好利用，积极地向别人展示，创造更大的成就，再把更大的成就记录下来，利用它，展示它……周而复始。

世界上最好的大学不想让你知道的事

2004年，我的一位好友被一所世界一流的高校录取，攻读工商管理硕士（MBA）。这所高校的学费很贵，学制两年。在此期间，学校不允许学生参加工作（本来也不可能工作，学习任务非常繁重）。

攻读工商管理硕士学位的学生都希望自己能在两年后找

到理想的工作，赚得远高于平均水平的薪资。这样他们就能补上这两年因没有工作而造成的亏空，还能还上两年间因支付生活费和学费而借的巨额贷款。

我的朋友被录取的时候非常高兴。为了保险起见，他想找个在读的硕士了解是否会出现这种情况：为了学校承诺的光明未来，贷一大笔钱支付学习费用，但在毕业后却找不到高薪工作，无力偿还巨额的贷款。

毕竟他那时候已经27岁了，贷这么一大笔钱有很大的风险。他想找到一个人，能告诉他真实的情况是怎样的，最糟的情况是怎样的，而不是只会歌颂学校和MBA学位。

他找了又找，却找不到这样一个人……不是因为这样的人不存在，而是因为这些名牌大学不想透露这部分毕业生的信息。学校为学生安排的所有会议都只邀请优秀的学生、成功的校友和国际大公司的首席执行官。这些人都非常成功，学校只邀请他们来与学生进行交流，为学生做指导。

学校为什么这么做呢？它采用了"幸存者偏差"的营销策略。这是一个广泛的概念，为了更好地表述这个概念，我把情况简化为：来读MBA，你不仅需要贷款支付高额的学费，还极有可能要把家人也一同接到美国居住。所以，学校为了说服你，会向你推销一个成功的形象，并向你承诺成功的机会很多,而且几乎没有风险。这样一来,就连那些计算过得失的学生可能也愿意冒险。

学校只向你展示了那些已经成功的校友,而把那些没有成功的人"藏"了起来。之所以这么做,是因为失败不卖座。人们只会被成功所吸引,不断将自己与他人进行比较。尽管我们这一代人比父母那一代人的起点高得多,也拥有更多的机会,但我们还是对自己的生活不尽满意,而科技的发展又加剧了这种趋势。

所以,一种叫作"脸书错觉"的现象便应运而生——我们在脸书上认识的所有人(朋友、同事、家人、邻居、前任),大都只会在自己的主页上晒积极的东西。

微笑的脸庞、富足的生活、美丽的风景、快乐的孩子、摆好的餐桌和燃烧的壁炉……这就像是一种错觉——一直很幸福的错觉。因为虽然我们会经历这种幸福的时刻,但也会经历很多失望、沮丧、悲伤、无聊或乏味的时刻。只有少数人会记录不幸的时刻,并把它们发出来。比如,在巴黎度假的夫妇也会争吵、疲惫、对对方感到厌烦,但他们几乎不会在脸书上晒这些内容,只会晒那些甜蜜浪漫的时刻。你只会看到两人摆出浪漫的姿势,女生的笑容在埃菲尔铁塔的映衬下更加灿烂。此时的你可能会说:"他们过得好开心啊!又去度假了，他们看起来好恩爱！为什么我的生活不是这样的呢？为什么我度假的时候就总是和别人吵架呢？"

然后你可能会想知道更多，想知道他们如此恩爱的秘密。现实远不像网络那么简单，它复杂得多，但人们往往会选择性地忽视这种复杂性。人们只想看到成功，却看不到成功背后的努力和加班的辛苦。人们只喜欢旁观别人的生活，却不愿迎接自己生活的挑战。所以人们才会崇拜名人和那些上流人士，心想，说不定哪天自己也能找到一种"万能的解决方案"，把自己从辛苦的工作中解救出来。（这就是很多人对生活不满的原因，他们的生活其实大部分时间很幸福。）

这就是"脸书错觉"，它不会从世界上消失，只会越来越普遍。

所以，你应该思考的是：我应该如何利用这一现象来发挥我的优势？我应该如何塑造成功的形象，展现自己的优势？如何拿到客户的推荐信，为自己创造社会认同？

既然你的客户希望看到你成功的一面，就把这一面展示出来。从营销的角度来看，你最好把对自己有利的信息全部展示给客户（前提是不能弄虚作假）。

比如，你肯定遇到过对你不满意的客户，你应该在发展新客户时把这部分客户"藏"起来。这种策略一直被应用在作为客户的你身上，现在是你使用它的时候了。你要高度重视对你满意的客户，重视那些使用过你的产品和接受过你的服务，并从中有所收获的客户。

关键知识点

让他人信任你：

- 客户更倾向于选择已经成功的人。人们有规避风险的本能，总会倾向于选择自己熟悉且信任的东西，而不是冒险去接受新的产品或服务。
- 学会利用自己的信息，当你演讲、面试、开办讲座或销售会议时，从中提炼出关键信息，作为推销自己的撒手锏。
- 人们相信，如果别人做了某件事，自己也应该且能够做到。你要学会利用其他客户的行动和例子进行说服。
- 我们会受到周围人的影响，倾向于和他们想同样的事情。
- 如果你想说服一群人签字，就必须给他们这样的感觉：其他人全都签过字了，就差你了，或这件事一定能成功。
- 当问题由利益的非相关方提出时，成功说服的概率要高得多。
- 人们喜欢和"像"自己的人做生意。
- 告诉你的客户你在空闲时间喜欢做运动，这对你的事业大有裨益。
- 社会活动和志愿服务，能帮你赢得他人的赞赏，加强你的品牌形象，提高你在他人心中的可信度，从而大大提高与客户合作的可能性。
- 在拍摄宣传片或广告时，必须注意自己身后或身旁的背景。
- 自己教的东西，自己要先做到；自己说的话，自己要先相信。
- 记录你在生活和工作中取得的成就，积极利用并向他人展示，以取得更大的成就。
- 在保证真实的前提下把对自己有利的信息全部展示给客户（前提是不能弄虚作假）。